Kolleg Philosophie

Hans Michael Baumgartner (Hrsg.): Schelling

Schelling

Einführung in seine Philosophie

In Zusammenarbeit mit

Harald Holz
Wilhelm G. Jacobs
Jörg Jantzen
Odo Marquard
Annemarie Pieper
Walter Schieche
Xavier Tilliette
Christoph Wild
Hermann Zeltner

Herausgegeben von
Hans Michael Baumgartner

Verlag Karl Alber Freiburg/München

Literaturangaben nach folgendem Beispiel:
W. Schulz, *5.37*, 279, 284.
Die kursive Zahl (*5.37*)
verweist auf den Titel in der Bibliographie.
Darauffolgende Zahlen (279, 284) sind Seitenzahlen.
Zitate aus Schellings Werken
sind im Text nach folgendem Beispiel belegt: (X 93).
Die römische Zahl (X) nennt den Band der Sämtlichen
Werke (siehe *1.1*). Die Zahl dahinter (93) ist die Seitenzahl.
Analoges gilt für die Zitate aus Schellings Briefen
nach der Ausgabe von G. L. Plitt (siehe *2.1*).
Beispiel: (Plitt II 60).

Satz und Druck: Presse-Druck Augsburg
ISBN 3-495-47306-8

Inhalt

Vorwort

Die in gemeinsamer Diskussion einer Idee des Herausgebers und in Zusammenarbeit aller Beteiligten entstandene Schrift soll aus Anlaß des 200. Geburtstages von F. W. J. Schelling dazu beitragen, seine Philosophie über das engere Fach hinaus einem größeren Kreis von philosophisch Interessierten nahezubringen und in den Grundzügen verständlich zu machen.

Als Einführung verfolgt sie das Ziel, das Studium einer großen Philosophie, die in vielfältiger Weise bis in unsere Zeit wirksam ist, anzuregen und zu fördern. Deshalb kann sie nicht primär Dokumentation des gegenwärtigen Forschungsstandes und auch nicht in erster Linie an diejenigen gerichtet sein, die Schellings Philosophie, ihre Entwicklung und Probleme aus eigener Forschungstätigkeit bereits kennen. Dies hindert nicht, daß in den einzelnen Beiträgen die neuesten Forschungsergebnisse und der gegenwärtige Stand der Schelling-Forschung präsent sind.

Zugleich liegt dieser Veröffentlichung die Absicht zugrunde, Ideen und Probleme eines faszinierenden Denkers zu vergegenwärtigen. Mit dem Wunsch, daß sie auch und gerade dieser Intention genüge, verbindet der Herausgeber den herzlichen Dank an die Mitwirkenden, die an dem Gelingen einer auf philosophischem Gebiet nicht gerade üblichen Zusammenarbeit entscheidenden Anteil hatten.

München, 27. 1. 1975 *Hans Michael Baumgartner*

A. Schelling – Zeitgenosse inkognito

Von Odo Marquard

1. Kein Zweifel: Schelling – der Jubilar dieses Bandes, geboren 1775 – starb 1854; aber man kann meinen, daß dieser Tod nur die gelungene Tarnung seiner zunehmenden Lebendigkeit war. Für diesen – wie man ihn nannte – Proteus war auch sein Ableben nur die willkommene Gelegenheit, zu einer neuen Gestalt zu finden, kunstvoll überzugehen aus Schellings Leben in Schellings Aktualität. Denn die Gegenwartsphilosophie: das ist in wichtigen Teilen entzauberter Schelling; freilich ist sie dies unbewußt: denn hier – in der Gegenwart – liebt es Schelling, inkognito aufzutreten. Darum können Überlegungen zur Aktualität Schellings im Versuche bestehen, diese Inkognitos seiner heutigen Präsenz zu lüften. Mit dieser fixen Idee als Wünschelrute durchstreift der Verfasser im folgenden die Landschaften der Gegenwartsphilosophie, wo sie ihm angenehm, wo sie ihm nicht zu beschwerlich sind, und sucht dort – durch Hinsehn mit der Hoffnung auf Tagebau oder aber bohrenderweise – nach mehr oder minder verborgenen und ergiebigen Schellingvorkommen.

2. Aber wonach ist zu suchen? Wonach sucht jemand dort, wenn er dort nach Schelling sucht? Wer war denn das eigentlich: Schelling?

Das wird in diesem Jubiläumsbande ausführlich und differenziert und auf dem neuesten Stande der Einsichten gesagt. Freilich: die Ergebnisse dieses Bandes kann einer, der in ihm über Schellings Aktualität zu schreiben hat – will er seinen Termin einhalten – plausiblerweise gerade noch nicht kennen. So agiert er – wenn dieser Band die kritische Interpretation neuesten Standes enthält – als der letzte vorkritische Interpret: diese Gelegenheit zu einem letzten naiven Blick und Votum muß man wahrnehmen; sie verschafft dem Schreiber die Lizenz, seine Schelling-Version – „weil sie doch der Kater frißt"[1] – in pauschaler Weise ganz undifferenziert, ganz ungeschützt und simpel daherzuformulieren; es ist diese:

Schelling gehört zu einer datierbaren philosophischen Formation, die eine bestimmte – bis in die Gegenwart hinein perennierende – geschichtliche Herausforderung zu beantworten sucht. Wie heißt diese Formation – zu der man Kant und Fichte und Schelling und Hegel rechnet – am besten: Deutscher Idealismus? Klassische deutsche Philosophie? Oder noch anders? Und was tat Schelling in dieser Formation: hat er sie nur gefördert, hat er sie wesentlich getragen, hat er sie gar vollendet? Hat er sie verraten? Hat er sie überschritten? Hat er sie nur überlebt? Über all dieses hat es Kontroversen gegeben: viel Lärm um viel. Hier freilich genügt es, die Herausforderung zu nennen: daß die Menschen in der Neuzeit sich bürgerlich daranmachten, die Wirklichkeit autonom in die Hand zu bekommen: in wissenschaftlichem Zugriff durch Observation und Experiment, in politischem Zugriff durch Revolution. Und die Antwort jener philosophischen Formation, es war diese: ihre theoretischen Protagonisten waren sich einig darin, die menschliche Autonomie zu wollen und die Bedingungen ihrer Möglichkeit zu erkennen und zu fördern; das war sozusagen ihre Konkordienformel. Aber jenseits dieser Formel begann die Differenz ihrer Philosophien: Kant legte Wert darauf, die Bedingungen der Menschenmöglichkeit als Grenzen zu begreifen und das menschliche Ich nicht mit Gott zu verwechseln und es gerade dadurch – nur so ist das ungehinderte Wissenwollen der Wissenschaften möglich – vor der Gefahr theologischer Zensur durch selbstverschuldete Vormünder zu schützen: seine Philosophie war also emphatisch bescheiden und just

---

[1] W. Busch, Kritik des Herzens, München [11]1908, 3.

deshalb die eigentliche Philosophie der Neuzeit. Fichte beendete diese Bescheidenheit: er verpflichtete – zugunsten der absoluten Revolution für „die totale Freiheit“[2] – die Bedingungen der Menschenmöglichkeit dazu, die Menschen zum reinen Ich und dieses zum Absoluten zu machen mit der unvermeidlichen Konsequenz, daß alles diskriminiert wird, was dieser transzendentalen Karriere nicht dient; seine Philosophie moralisiert alles und wurde dadurch unbedingt unbescheiden: sie lancierte die Gegenneuzeit. Hegel stellte durch eine scheinbar unbescheidene Philosophie die Bescheidenheit wieder her: indem er die Bedingungen der Menschenmöglichkeit – im Blick auf Wissenschaften und Institutionen – als jene Grenzen begriff, die Freiheiten schaffen, dachte er spekulativ das Absolute absolut so, daß Menschen gerade nicht prätendieren können, das Absolute zu sein: insofern versuchte er, die Neuzeit vor der Gegenneuzeit zu retten. Und Schelling? Was war mit ihm? Was tat – innerhalb dieser Formation: der Klassik unserer Schwierigkeiten – seine Philosophie? Wer war Schelling? Kant war die Wahrheit; Fichte war die Unwahrheit, die als absolute Selbstsicherheit auftrat; Hegel suchte – in jeder Beziehung – zu retten, was zu retten war, und konnte doch jenen Teil von Marx, der nur Fichte wiederholte, nicht verhindern. Und Schelling? Was war der – nach Kant und nach Fichte, vor Hegel und neben Hegel und nach Hegel – in dieser Formation?

Schelling war die Unsicherheit. Gerade das macht ihn auf besondere Weise interessant, gerade das macht ihn aktuell: Unsicherheiten sind immer aktuell. Ihm wurde – und nur das läßt seine Schwankungen plausibel werden: zwischen Euphorie und Depression, zwischen Publikationsmanie und Publikationsphobie, zwischen dem Status als Star der progressiven Spekulation und dem als vergessener Unzeitgemäßer, zwischen Geschichte und Natur, zwischen System und Wirklichkeit – ihm wurde fast alles zweifelhaft: vor allem der strahlende Glanz der Autonomie des menschlichen Ich,

[2] Vgl. B. Willms, Die totale Freiheit. Fichtes politische Philosophie, Köln/Opladen 1967.

seine Absicht und Macht, es zu sein und alles aus Eigenem beginnen und vollenden zu können. Denn da war ja – in der Französischen Revolution – ein offenbar nicht gut verlaufender Beginn, und da war ja kein Ende, geschweige denn ein gutes. So erfuhr er menschliche Ohnmacht: im Konvoi der Philosophie der geschichtlichen Potenz und Omnipotenz des Ich wurde er zum Philosophen der Depotenzierung: angesichts der Tathandlung setzte er auf Erinnerung, angesichts der Praxis auf Theorie, angesichts der Zukunft auf „transzendentale Vergangenheit" (X 93); und so kam er dazu, daß er – durch das, was unter dem Titel „Depotenzierung" (IV 85 ff.) er selber zur bloßen Methode stilisierte – die Macht des Ich als abgeleitete Macht begriff und als primäre Macht die Natur (vgl. IV 84): sie zunächst suchte er als tragenden Grund; darum nannte er selber sein „System, wie es in der völligen Unabhängigkeit von Fichte hervorgetreten ist" durch „eine denominatio a potiori" „die Naturphilosophie" (X 99, 102). Aber diese dem Ich wohlgesonnene Depotenzierung des Ich durch Ermächtigung der Natur war im Effekt eine als Hoffnung verkleidete Verzweiflung, eine Enttäuschung, die sich als Bezauberung gab, eine als Faszination maskierte Resignation. Denn was Schelling als tragenden Grund und insofern als Rettung ausrief, die Natur: sie erwies sich alsbald als Gefahr. So geriet er aus einer Unsicherheit in eine andere. Unsicherheit ist Not, und Not macht erfinderisch: Schellings Philosophie wurde der authentische Fall heuristischer Unsicherheit. Die Natur: sie sollte das Ich tragen. Aber sie trug nicht das Ich; statt es zu retten, bedrohte sie es. Darum rief Schelling – indem er das Ich depotenzierte – zugleich die Gegenmächte: Potenzen, die ihm geeignet schienen, das Ich vor seinem Retter zu retten, und zwar sukzessiv mehrere: das Genie, das Identitätssystem, den Arzt, die Mythologie, die Religion. Mit all diesem lancierte er philosophische Trends, die gegenwärtig Bedeutung haben.

3. So gab es also allenthalben Möglichkeiten, auf Schelling sich ausdrücklich zu berufen. Und man hat das – mit Appetit auf Gegnerschaft oder auf Nachfolge – getan. Schelling

wurde getadelt: als mißlungener Hegel, so sahen ihn Hegels Schüler; als mißglückter Kierkegaard, so sah ihn Kierkegaard; als mißratener Marx und Erfinder des reaktionären Irrationalismus, so sahen ihn die Marxisten, wo sie ihn so sahen. Das war – kann man sagen – der Eindruck der ersten kritischen Stunde; aber dabei ist es nicht geblieben.

Denn alsbald – bis in die gegenwärtigste Gegenwart hinein und seit dem Beginn unseres Jahrhunderts in wachsendem Maße – wurde Schelling interpretiert und gelobt:

a) als Initiator und Patron der Lebensphilosophie. Wilhelm Szilasi hat „Schellings Beitrag zur Philosophie des Lebens"[3] unterstrichen: dieser hat „mehr Zukunft als Vergangenheit"[4]. Und in der Tat: indem Schelling „die Natur als selbstlebendig" anschaut und in ihr „das wahre Gegengift der Abstraktion" findet (VII 19), indem er, die „Naturphilosophie" gegen „die verbesserte Fichtesche Lehre" verteidigend, dagegen protestiert, daß Fichte „die Natur" „nicht als lebendig haben" will, sondern „als tot" (VII 17), formiert er – wie nach ihm Schopenhauer, Nietzsche, Dilthey, Bergson und andere – die lebensphilosophische Opposition zwischen Abstraktion und Leben, die in der Gegenwart auch und gerade dort aktuell bleibt, wo man die Lebensphilosophie totsagt. Daraus folgt: Schelling ist aktuell, weil und insofern der lebensphilosophische Ansatz aktuell ist.

b) als Initiator und Patron des „existenzialistischen Protests": so hat ihn Paul Tillich interpretiert.[5] Indem Schelling angesichts der „negativen Philosophie" von seiner „positiven" sagte, „sie geht von der Existenz aus" (XI 563), und indem er damit – nach der Meinung von Heimsoeth und Fuhrmans[6] zugleich auf Wegen des „Spätidealismus" wandelnd – das Problemfeld Kierkegaards noch vor Kierkegaard betrat, hat Schelling – was ihm in gewisser Hinsicht Jaspers und

---

[3] In: W. Szilasi, Philosophie und Naturwissenschaft, Bern/München 1961, 52–75; vgl. auch 76 ff.

[4] A. a. O. 52.

[5] Vgl. P. Tillich, *8.5*.

[6] Vgl. H. Heimsoeth, Metaphysik der Neuzeit, München/Berlin 1929, 176 ff.; H. Fuhrmans, *5.32*.

Heidegger[7] bestätigten – dem Denken jene Richtung gewiesen, in die in unserem Jahrhundert die Existenzphilosophie geht. Daraus folgt: Schelling ist aktuell, weil und insofern der existenzphilosophische Ansatz aktuell ist.

c) als Initiator und Patron des materialistischen Protests: so – nämlich als „Dialektischer Idealismus im Übergang zum Materialismus" – hat Schellings Philosophie Jürgen Habermas[8] interpretiert. Seit er von der „Zwiespältigkeit in Schellings Denken"[9] absieht und ihn – wobei der „marxistische Schelling" Bloch[10] ihm in gewisser Weise zum Gewährsmann wird – nunmehr eindeutig als den frühesten der revolutionären Nachhegelianer begreift, der unterm Decknamen „Natur" das Problem der Basis in die dialektische Philosophie einbrachte, ernennt er Schelling zum Ahnen honoris causa der materialistischen Emanzipationsphilosophie. Daraus folgt: Schelling ist aktuell, weil und insofern der Ansatz der materialistischen Emanzipationsphilosophie aktuell ist.

4. Das sind ganz verschiedene Weisen, Schelling zu lesen und ihm Aktualität zuzusprechen: konvergieren sie gleichwohl? Polymorph weisen sie auf etwas hin, das Walter Schulz[11] zu seiner Interpretationsthese gemacht hat und was wohl einfach stimmt: bei Schelling kommt in repräsentativer Weise die autonome „Subjektivität" an ihr Ende; durch ihn „ist erstmalig diese Bewegung vollzogen, in der die sich zu sich ermächtigen wollende Subjektivität gerade durch die Erfahrung ihrer Ohnmacht zum eigentlichen Verständnis ihrer selbst kommt" in einer „Vermittlungsbewegung der Subjektivität durch ihr Anderes": „die Subjektivität konnte sich nicht in sich selber gründen. Deswegen überstieg sie sich zu ihrem Anderen".[12] Menschliche Freiheit ist abhängige Frei-

[7] Vgl. K. Jaspers, *4.4;* M. Heidegger, *5.18.*
[8] Vgl. J. Habermas, *5.21.*
[9] Vgl. J. Habermas, *4.13.*
[10] Vgl. J. Habermas, Philosophisch-politische Profile, Frankfurt a. M. 1971, 147–167.
[11] Vgl. W. Schulz, *5.37.*
[12] A. a. O. 7, 290, 299.

heit, abhängig von etwas, über das sie nicht verfügt: das ist beim frühen Schelling die Natur, beim späteren Schelling jener wirkliche Gott, der selber irritiert ist durch die „Natur in Gott“ (VII 358). Menschliche Autonomie als Epiphänomen: das erscheint plötzlich möglich, und Schelling sagt es. Das gilt – wie Wolfgang Wieland gezeigt hat – auch in bezug auf die Philosophie und deren Autonomie: „Schellings Naturphilosophie [ist . . .] Selbstkritik der Philosophie [. . .] Diese Skepsis stellt die Unbedingtheit jedes philosophischen Wahrheitsanspruchs dadurch in Frage, daß sie das spekulative Denken von einem Bedürfnis her versteht, das dieses Denken nicht geschaffen [. . .], über das es keine Macht hat“[13]. Wo erkannt wird, daß mit der Natur das Andere zum Ich und seinen Potenzen die Macht hat, liegt in der Konsequenz dieser Erkenntnis die Einsicht der Möglichkeit, daß diese Macht nicht nur fundiert, sondern auch gefährdet.

Das ist – und diese Ansicht unterscheidet vermutlich meine Schelling-Version von der von Schulz – eine Bedrohungserfahrung; darum scheint mir die „Vermittlungsbewegung der Subjektivität durch ihr Anderes“ nicht accellerando, sondern einzig ritardando vollziehbar: denn dieses Andere ist nicht nur das mögliche Ja, sondern auch das mögliche Nein zu den Menschen: ihr Ich lebt – das jedenfalls scheint möglich – in einem faktisch-natürlichen Universum, „nicht für es gebaut“; seine Subjektivität, seine Autonomie ist durch dieses Andere nicht nur getragen, sondern auch bedroht: dieses Andere – denn „der Grundstoff alles Lebens und Daseins [ist] eben das Schreckliche“ (VIII 268) – ist für die Menschenfreiheit möglicherweise nicht ihre Geborgenheit, sondern ihr Ende. Und so – das ist eine Figur zur Deutung nicht mehr nur Schellings, sondern ebensosehr der Gegenwart und ihrer philosophischen Stellungen zu sich selbst – mag es naheliegen für eine derart riskant gegründete Subjektivität, zwischen sich und ihr Ende Maßnahmen zu schieben, die dieses Ende verbergen oder verklären oder verzögern: zwischen sich und das absolute Nein zu sich suspendie-

[13] W. Wieland, *5.13*, 437.

rende oder retardierende Potenzen zu placieren. Justament das hat – auf eine gegenwartsbeeinflussende Weise – Schelling getan; und diese Potenzen waren eben mindestens diese: das Genie, das Identitätssystem, der Arzt, die Mythologie, die Religion. Und, was die Philosophie betrifft, so gehört auch ihr Multiplikationszwang dazu: darum hatte der späte Schelling zwei Philosophien, die negative und die positive, um nicht unverzüglich keine mehr zu haben. Gewiß: die Gesellschaftskritiker – jedenfalls die mit den Privilegienabschaffungsprivilegien – werden hier schnell von direkter oder indirekter Apologetik sprechen[14]; aber sie verkennen mindestens zweierlei; nämlich: daß auch der Mythos der Revolution nur ein Kunstgriff ist, sich dasjenige an der Revolution aus den Augen zu bringen, was schließlich auch sie ungern ins Auge fassen: das Ende der Revolution, ihr dikkes Ende; und: daß allemal Menschen – und zwar in unseren Breiten und unseren Zeitläufen alle – stets mehr zu verlieren haben als allein ihre Ketten. Wenn Schelling der Philosoph der Depotenzierung gewesen und dadurch aktuell ist, wenn er also gesehen hat, daß die menschliche Autonomie in einem Anderen gründet, das ihr mögliches Ende ist: dann liegt es nahe, zu vermuten, daß seine aktuellsten Theoreme die sind, die die menschliche Autonomie in den Stand setzen wollten, mit ihrem Ende zu Ende zu kommen, mit ihm, und sollte es ihr Tod sein, zu leben.

5. Schellings Naturphilosophie macht geltend, daß das Menschen-Ich in der Natur gründet: aber die Natur – das wird für ihn sichtbar – ist möglicherweise die Vernichtung seiner Autonomie. Wo die Natur sie bedroht, neigen unter entwickelten Umständen nicht mehr unmittelbarer Not die Menschen dazu, ihre Autonomie zu retten in eine naheliegende Reserveautonomie: die Kunst. Denn die Kunst ist folgenlos gemachte Natur. Schelling hat auf diese Möglichkeit gesetzt wie kein anderer und – indem er die intellektuelle Anschauung als ästhetische (III 625, 627) und diese als Sache

---

[14] Vgl. G. Lukács, *8.4*, 114–172.

des Genies (III 616 ff.; IV 361 ff.) verstand – erklärt, „die Kunst [sei] das einzige wahre und ewige Organon zugleich und Dokument der Philosophie" (III 627).

Indem er das tat, eröffnete er die Möglichkeit, eine weitere Rettung zu konstruieren: die, nicht mehr nur einzelne Kunstwerke, sondern die ganze Wirklichkeit ästhetisch anzuschauen und dadurch ihr Bedrohliches zu zähmen. Dabei operierte Schelling mit zwei Begriffen, die gegenwärtig als Fundamentalvokabeln Konjunktur haben: dem Begriff der Identität und dem Begriff des Systems; er verband sie zum für diesen Versuch programmatischen Begriff des „Identitätssystems" (IV 113; X 107). Es waren, gemessen an Schellings Versuch, diejenigen harmlose Waisenknaben, die auf einer Triennale in Mailand dort eingesetzte Polizisten zu Kunstwerken erklärten; denn Schelling erklärte die ganze Wirklichkeit zum Kunstwerk. Das Identitätssystem ist nicht mehr eine Ästhetik der Kunstwerke, sondern eine Ästhetik der ganzen Wirklichkeit: und diese muß sich – denn nur dadurch wird die bedrohliche Natur unriskant – nun auch wie ein Kunstwerk benehmen: „das Verhältnis der einzelnen Teile in dem geschlossenen und organischen Ganzen [. . .] ist wie das der verschiedenen Gestalten in einem vollkommen konstruierten poetischen Werk" (V 107). Das bedeutet, daß Natur und Geschichte – die Natur als gegenwärtige Vergangenheit der Geschichte, die Geschichte als gegenwärtige Zukunft der Natur – nicht mehr als konfliktträchtig prozeßformbezogen additive Parallelaktionen gedacht werden, sondern als integrierte Gesamtwirklichkeit: die Barrieren scheinbar absoluter Unterschiede zwischen ihren „Potenzen" – die durch ihre Stellen im System definiert sind: „die Bestimmung dieser Stelle ist die einzige Erklärung, die es [. . .] gibt" (V 373): das Identitätssystem ist Stellenwertphilosophie – werden abgebaut, und jeder Abbau erzeugt eine neue spekulative Pfründe für eine verbindende Kategorie. In bezug auf das Absolute dieses Systems behielt das menschliche Ich sich kunstvoll vor, es zu sein oder es nicht zu sein: es ließ unentschieden, ob es Endlichkeit und zum Absoluten im Verhältnis der Demut sein wollte, oder Unendlichkeit und zum Absoluten im Verhältnis, es zu sein; es war somit genau das, was es nach Schellings Definitionen sein mußte: die Indifferenz. Und auch sonst wurde – durch eine ästhetische Gleichschaltung – alles identisch: die Gleichheit und der Unterschied, das Allgemeine und das Besondere, die Harmonie und der Konflikt, die Egalität und das Profil, der Konformismus und die Kritik, usf. Gegen diese „Nacht, worin [. . .] alle Kühe schwarz sind“, hat Hegel[15] sich gewandt; sein Einspruch bewirkte jedenfalls, daß die Losung der Identität und die Losung des Systems fortan nicht mehr zusammen, sondern zunächst auf getrenntesten Wegen ihre Karriere machten: jene – vorwiegend angelsächsisch – schließlich identitätspsychoanalytisch in der Sozialpsychologie, diese – vorwiegend französisch – schließlich strukturalistisch in der mathematisch orientierten Linguistik und Ethnologie. Aber sie marschierten getrennt, um vereint zu schlagen. Denn inzwischen gibt es eine entzauberte – Neigungen zur Organismusanalogie durch ihre Abstreitung verratende – Reinkarnation des Identitätssystems: Niklas Luhmanns funktionale Theorie von Systemen, die durch Komplexitätsreduktion ihre Identität gewinnen und erhalten. Also: Hegel hatte Schelling gestoppt, aber nur vorläufig. Daher mußte zwar auch der identitätssystematische Gedanke, die Wirklichkeit stricte dictu zum Gesamtkunstwerk zu erklären, posthegelianisch – und Schelling hat diese Möglichkeit auf der Schlußseite der Schlußphilosophie seines Identitätssystems (V 735f.) bereits erwogen – zunächst in separierten ästhetischen Wirklichkeiten seine Zuflucht suchen: Richard Wagners Gesamtkunstwerk war, gemessen an Schelling, eine Einschränkung und überdies einseitig: ein theatralisches Bündnis der Kunst mit dem Kult; die supplementäre Ausprägung des Gesamtkunstwerks war – auf dem Wege über die surrealistische Utopie des Kollektivgenies – in der „neuen Jugendbewegung“, die „in die Kunstgeschichte gehört“[16], ein nicht min-

---

[15] G. W. F. Hegel, Phänomenologie des Geistes, Theorie-Werkausgabe Bd. 3, 22.
[16] H. Lübbe, gesprächsweise.

der theatralisches Bündnis der Kunst mit der politisierten Straße. Aus diesen transitorischen Beschränkungen entkommt das identitätssystematische Programm – durch Vergessen der Einwände Hegels[17] – heutzutage in die großen integrierten Gesamtpläne, die – indem sie als Technokratie gescholten werden und als Reformen sich selber verstehen – in Wahrheit Ästhetiken der Wirklichkeit sind, die diese als integriertes Gesamtkunstwerk wollen. Ihre Protagonisten wiederholen – indem zwischen ihnen und dem Absoluten nur die Finanzminister und ihre knappen Budgets stehen, zwischen ihnen und der Endlichkeit zuweilen nur die Aussicht auf Karriere – die Verfassung der Indifferenz. Dabei wird klar, daß das Ästhetische gar nicht – wie seine vehementesten Kritiker gemeint haben – dadurch problematisch wird, daß es zu unwirklich ist; es wird vielmehr dort unerträglich, wo es zu wirklich wird: wo das identitätssystematische Programm Kunst und Wirklichkeit identisch setzt und beiden dadurch – und hier steckt viel Fichte in seiner ästhetischen Überwindung – ihre Identitäten unbedingt aufzwingt: die Identität von Nichtkunst und Kunst, von Ernst und Unernst, von Verantwortungsbewußtsein und Leichtsinn, von Wirklichkeit und Schein. Wo die Kunst – die Illusion – eins wird mit der Wirklichkeit, bekommt die Wirklichkeit selber die Verfassung der Illusion; dann hat zwar die Kunst mit der Wirklichkeit alles, aber die Wirklichkeit selber dann nichts mehr mit der Wirklichkeit zu tun.

Das Genie – mit seinen Bestimmungen der Individualität und Originalität – hat dabei das Nachsehn und bleibt auf der Strecke. Darum zieht es sich schließlich zurück ins Innerliche und Absonderliche, wird Bohemien und Blumenkind, sucht sich exotische und artifizielle Paradiese oder queruliert in der Schellingforschung. Es hat die Wirklichkeit nicht bewältigt, sondern sich selber aus ihr ausgetrieben. Was tun? Es wird krank: es verläßt das unheimlich gewordene Gesamtkunstwerk der Wirklichkeit und geht in die Klinik; dort braucht es den Arzt.

---

[17] Hegel, a. a. O. 49 ff.

6. Dazu gehört, daß das Identitätssystem sozusagen der Fehlstart der modernen philosophischen Anthropologie war. Identität: das bedeutet auch Nichtdualität von Natur und Geist, und das war ja die Absicht, auch wenn die Sache identitätssystematisch viel zu ästhetisch und absolut und irgendwie theologisch geriet. So hatte das Identitätssystem – modisch d. h. identitätssystematisch gesprochen – den „Stellenwert" der Anthropologie: in der Philosophie Schellings besetzt es ihren Platz. Drum ja hatte Schelling – das einzige dürre Schema von 1840 ausgenommen – selber keine Anthropologie; er begnügte sich mit der Rolle, ihr Protektor zu sein: es hat – schrieb 1822 Heinroth – „unstreitig Schelling [. . .] die Bahn zu einer Vollendung der Anthropologie gebrochen"[18], denn – meinte im gleichen Jahr Steffens – „diejenige Ansicht, welche den Menschen mit dem All der Natur verschmelzt [. . .] ist das Fundament der Anthropologie"[19]: kein Zweifel, daß diese „Ansicht" von Schelling herkam, kein Zweifel, daß diese „Ansicht" heute dort wirksam ist, wo der Mensch – Sonderstellung hin, Sonderentwurf her – als Naturwesen diskutiert wird: in der philosophischen Anthropologie der Gegenwart.

Wo aber die Natur derart dominierende Stellung hat, gewinnen – wenn doch das Problem darin liegt, ihrer möglichen Gefährlichkeit zu begegnen – diese dominierende Stellung auch die, die den Menschen üblicherweise helfen, mit ihrer Natürlichkeit dort, wo sie Schwierigkeiten macht, auszukommen: die Ärzte. Bereits bei Schelling gibt es – korrelativ zum Schwund des Vertrauens ins Ästhetische – eine wachsene philosophische Hinwendung zur Medizin; nur einige Hinweise: 1802 – im Jahr also vor Schellings Landshuter medizinischer Ehrenpromotion – handelt die naturphilosophisch entscheidende seiner „Vorlesungen über die Methode des akademischen Studiums" von der Medizin (V 335 ff.); ab 1806 gibt Schelling zusammen mit Marcus die

[18] J. C. A. Heinroth. Lehrbuch der Anthropologie, Leipzig 1822, ²1831, 35.
[19] H. Steffens, Anthropologie Bd. 1, Breslau 1822, 14/15.

„Jahrbücher der Medizin als Wissenschaft" heraus: „Sind die Naturforscher" – schreibt Schelling dort in der Vorrede – „alle [. . .] Priester [. . .] gewisser Naturkräfte: so bewahrt der Arzt das heilige Feuer im Mittelpunkt [. . .] Die Arzneiwissenschaft ist die Krone und Blüte aller Naturwissenschaften" (VII 131). Spätestens seit diesem Moment gibt es eine Tradition der Ärztephilosophie durchs 19. Jahrhundert hindurch bis zur Gegenwart sowie eine über Philosophen laufende Tradition des Denkens, die – im Grunde in den Spuren Schellings gehend – Ärzte dazu disponierte, philosophisch fruchtbarste Konzepte zu entwickeln; hierhin gehört ein Schüler einiger Schüler von Schelling-Schülern, nämlich Freud: „das Ich [. . .] erinnert [. . .] sich nicht mehr des Wegs, den es [. . .] zurückgelegt hat [. . .] es [hat . . .] den Weg zum Bewußtsein selbst bewußtlos und ohne es zu wissen zurückgelegt [. . . es] findet in seinem Bewußtsein nur noch gleichsam die Monumente, die Denkmäler des Wegs, nicht den Weg selbst. Aber eben darum ist es nun Sache der Wissenschaft [. . .] jenes Ich des Bewußtseins mit Bewußtsein zu sich selbst, d. h. ins Bewußtsein kommen zu lassen. Oder: die Aufgabe der Wissenschaft ist [. . .] eine Anamnese": diese Sätze, die man bei Freud vermuten könnte, hat Schelling geschrieben (X 94/95). In der Tat: beide – Schelling und Freud – bemühen – und dies eben keineswegs zufällig – ein recht gleichgeartetes Ensemble von Grundbegriffen. Beide operieren mit einer Zwei-Tendenzen-Theorie: Freud begreift diese beiden Tendenzen als die „Systeme" des „Unbewußten" und „Bewußten"[20], Schelling begreift sie (III 17) als die „bewußtlose" und „bewußte Tätigkeit" (III 348 u. ff., 527 ff.); beide verstehen die „unbewußte" Tendenz als „unbestimmten" d. h. „gestaltlosen" (III 31 ff.) bzw. „frei beweglichen"[21] „Trieb" (III 19, 290 ff.); beide charakterisieren die „bewußte" als Leistung der „Hemmung" (III 15 ff.) bzw.

[20] S. Freud, Gesammelte Werke, London 1940 ff., Bd. 2/3, 614 ff., Bd. 13, 218.
[21] A. a. O. Bd. 11, 358, Bd. 17, 73.

„Zielhemmung“[22] und „Verdrängung“ (II 374, III 304)[23]; auf Grund dieser Hemmungen realisiert sich der Mensch, steigert er sich und wird geistig: die Sublimierungstheorie Freuds[24] ist in der naturphilosophischen Sublimierungstheorie Schellings bereits angelegt. Beide begreifen die Geschichte der Kultur bzw. des Geistes als etwas, was ‚statt‘ einer unmittelbaren Befriedigung geschieht: als Produktion von „Scheinprodukten“ (III 16 ff.) und „Ersatzbildungen“[25]; beide sehen die Phänomene dieser Geschichte als labile „Synthesen“ (III 291) und „Kompromißbildungen“[26]; beide lieben den Vergleich der Tendenzen mit den Kräften Repulsion und Attraktion (III 264 ff., 299; II 177 ff.)[27]; beide denken „genetisch“ (II 39)[28] und verstehen, was sie dabei tun, als „Konstruktion“ (III 371 ff.)[29]; beide wollen Zufälliges nicht gelten lassen und werden darum kritisiert; beide klären Selbsttäuschungen auf durch Bewußtmachung der unbewußten Vorgeschichte des Ich: Freuds Psychoanalyse – kann man sagen – ist in wichtigen Teilen die entzauberte Gestalt der Naturphilosophie Schellings. Dabei braucht man die philosophische Aktualität der Psychoanalyse heutzutage nicht mehr eigens zu betonen; hervorheben aber muß man, daß diese philosophische Aktualität der Psychoanalyse ist: die Fortsetzung der Aktualität Schellings unter Verwendung verblüffend ähnlicher Mittel.

7. Schellings Naturphilosophie, wurde gesagt, macht geltend, daß das Menschen-Ich der Natur ausgeliefert ist: die Natur aber – das wird für ihn sichtbar – ist möglicherweise die Vernichtung seiner Autonomie. Darum setzt er auf Potenzen, die dem Menschen diese Vernichtung ersparen sol-

[22] A. a. O. Bd. 13, 154 ff., 232.
[23] A. a. O. Bd. 10, 54.
[24] A. a. O. Bd. 13, 230/231.
[25] A. a. O. Bd. 10, 256.
[26] A. a. O. Bd. 2/3, 690, Bd. 13, 222, Bd. 14, 71.
[27] A. a. O. Bd. 17, 71.
[28] A. a. O. Bd. 8, 411.
[29] A. a. O. Bd. 14, 43 ff.

len: auf das Genie, das Identitätssystem, die Medizin. Wo diese Gegenmächte zuwenig oder gar nichts ersparen, wendet sich Schelling – der spätere und der späte – schließlich an den, dem man traditionell am meisten Macht, nämlich Allmacht zutraute: an Gott; nun also soll Gott die Natur – bereits als den „Grund in Gott“ – in ihrer Vernichtungskraft bannen. Freilich: eine Philosophie, die doch auszog, menschliche Autonomie gegen göttliche Heteronomie durchzusetzen, wird nicht unvermittelt derart ihr Gegenteil. Aber es gibt bei Schelling eine Vermittlung, und deren Schicksal ist aktuell: die Idee einer neuen Mythologie.

1796 fordert – wenn er es denn war – Schelling: „wir müssen eine neue Mythologie haben, [. . .] eine Mythologie der Vernunft“[30]. Aber er wurde nicht der Philosoph der neuen Mythologie, sondern der Philosoph der ganz alten Mythologie und der Philosoph der Offenbarung: warum?

Ein möglicher – ein aktueller – Grund ist folgender: allenthalben wurde die Idee der neuen Mythologie gefährlich erfolgreich; sie verspielt die Neuzeit, sie wirkt als Gegenneuzeit; so bestand alsbald die eigentliche Aufgabe – damals wie heute – gerade nicht darin, die Idee einer neuen Mythologie zu entwickeln und zu erfüllen, sondern gerade darin, sie loszuwerden und zu beenden. Denn die neue Mythologie ist – angesichts der Depotenzierung des Ich – seine Flucht vor seiner Ohnmacht nach vorn in den Traum seiner Macht über die Zukunft; gerade damit aber verliert es sich an einen Traum, rettet es sich in eine Gefahr. Die neue Mythologie wurde erfolgreich als Mythologie des Neuen: im Mythos des Fortschritts, im Mythos des letzten Klassenkampfs, im Mythos des Übermenschen, schließlich – neben manch anderem Mythos des zwanzigsten Jahrhunderts – im Mythos des Generalstreiks, der Revolution, der Emanzipation durch Diktatur der Emanzipatoren. Daß dies Mythologie ist, wird heute dadurch unsichtbar, daß man für diese neue Mythologie Decknamen findet: der derzeit in Polemik und Affirmation erfolgreichste dieser Decknamen ist „Ideo-

[30] Das älteste Systemprogramm, 5.2, 265; vgl. den übrigen Band.

logie". Doch allemal handelt es sich um eine Totalorientierung durch die Geschichte der Ermächtigung einer Alleinmacht: das ist – wo sie nicht als „Stoff der Kunst" (V 388 ff.) in poetischen Reservaten harmlos blieb – diejenige Gestalt der Mythologie, die nach dem christlichen Monotheismus möglich und gefährlich wird: der totale monotelistische Mythos im Singular, der die Geschichten verbietet, weil er nur noch die eine Geschichte erlaubt. Wo diese neue Mythologie die gegenwärtige Wirklichkeit ergreift, wird gerade dasjenige liquidiert, was an der Mythologie Freiheit war: die Pluralität der Geschichten, die Gewaltenteilung im Absoluten, also das große humane Prinzip des Polytheismus. Das Christentum verdrängte ihn aus dem Sonntag der modernen Welt, die neue Mythologie will ihn auch aus ihrem „Alltag"[31] verdrängen. Wo dieser Polytheismus aus unserer offiziellen Geschichte verschwindet, sucht man ihn fortan woanders: durch eine Wende zum Exotischen. Eine solche Wende zum Exotischen vollzieht – im historischen Kontext der „Morgenländerei" der Altertumskunde[32] – bereits Schellings Philosophie der Mythologie. Aber sie – die aus der Lage der Spätkultur nicht nach dem Urmenschen, sondern nach den Urgöttern fragt – ist nur eine Gestalt dieser Wende zum Exotischen unter mehreren möglichen. Zum diachronischen Interesse am Fernen und Fremden in der Zeit gehört zugleich das synchronische Interesse am Fernen und Fremden im Raum. Daher folgte der klassisch-philologischen Nachtseitenforschung – nach dem germanistisch-nordistischen Morgenländereisurrogat – die sinologische Linksmorgenländerei unseres Jahrhunderts: die Wende zum Exotischen zerfällt hierzulande heutzutage in Maoismus und Tourismus. Ihre seriöse Gestalt ist die strukturale Ethnologie: der Versuch, sich von der neuen Mythologie des Neuen dadurch zu befreien, daß man sie der Konkurrenz fremder Mythologien

[31] Vgl. M. Weber, Wissenschaft als Beruf, in: M. Weber, Gesammelte Aufsätze zur Wissenschaftslehre, Tübingen 1922, bes. 545–547.
[32] Vgl. K. Gründer, Einleitung zu: Jacob Bernays, Grundzüge der verlorenen Abhandlung des Aristoteles über Wirkung der Tragödie, Hildesheim/New York 1970, VI ff.

aussetzt und dadurch relativiert. Soweit das eine Intention schon von Schellings Mythologiephilosophie war, war sie sozusagen die Antizipation von Lévi-Strauss unter Verwendung von Mitteln der altertumskundlichen Morgenländerei.

Aber das Unbehagen an der neuen Mythologie des Neuen erzwingt nicht nur die Wende zur ganz alten und exotischen Mythologie. Es führt auch zum Pensum, die neue Mythologie – durch Aufklärung der Aufklärung – zu beenden. In diesem Aufgabenkontext eines Vetos gegen die neue Mythologie ist Schellings Philosophie der Offenbarung aktuell; denn sie handelt – wovon immer sonst sie handeln mag – vom Ende der Mythologie. Ich meine zwar: sie handelt nicht zureichend von diesem Ende, sie tat nur etwas statt dessen: statt um das nötige Ende, das Ende der neuen Mythologie des Neuen, bemühte sie sich um das nicht nötige Ende, das Ende der alten Mythologie: die Offenbarung. Aber womöglich ist diese – oder was immer ihr in der entzauberten Gegenwart entspricht – auch das Ende der neuen Mythologie. Dessenungeachtet: selbst seine Fehlerledigung manifestiert ein Pensum; und vielleicht ist es inzwischen angebracht, Schellings Spätphilosophie nicht als Religionsphilosophie zu lesen, sondern als Manifestation dieses Pensums, eines aktuellen: des Vetos gegen die Mythologie des Neuen, also nicht als ihre Erfüllung[33], sondern als Angriff auf die neue Mythologie.

8. In der Gegenwart – wurde gesagt – liebt es Schelling, der trotz seines Todes Lebendige, inkognito aufzutreten. Es gibt das Grundrecht auf Ineffabilität: darum kam es hier – bei diesem letzten naiven Blick auf Schelling – nicht nur darauf an, seine Inkognitos zu lüften, sondern auch darauf, sie zu respektieren: deshalb die Dunkelheiten dieses Beitrags. Doch selbst wenn Schelling sich in gegenwärtigen Trends der Philosophie mehr verbirgt als offenbart: mit ihnen ist er gleichwohl da: das macht seine Aktualität. Denn Aktualität – diese und jede – besteht nicht in strahlender Unanfechtbar-

[33] Vgl. W. Schulz, *5.37*, 304 ff.

keit, eher im Gegenteil: darin, daß man ihn – seine Probleme, seine Lösungen, die Probleme, die aus seinen Lösungen entstanden – immer noch nicht los ist. „Lästig“ – sagte Schelling 1841 – „muß ich wohl zum Teil sein“ (XIV 361). So ist es. So ist es geblieben.

B. Anhaltspunkte zur Vorgeschichte von Schellings Philosophie

Von Wilhelm G. Jacobs

1. Im Herbst 1790 darf sich Schelling aufgrund einer Sondererlaubnis, etwa zwei Jahre früher, als seinem Alter von 15 Jahren entspricht, an der Universität Tübingen immatrikulieren und ins Evangelische Stift eintreten. Die Sondererlaubnis verdankt er einer einzigartigen Begabung, die ihn schon während seiner Schulzeit dazu motivierte, sich philosophische Schriften anzueignen. Schelling studiert intensiv, und als er 1792 den philosophischen und theologisch-propädeutischen, d. i. im wesentlichen exegetischen Teil seiner Studien beendet, beweist er in seiner Magisterdissertation[1] umfängliche Kenntnisse der einschlägigen Literatur. Wenn auch in einem Zeitalter der Lesekultur im allgemeinen weit mehr gelesen wurde als im Zeitalter der Massenmedien und der Papers, so ist die Leistung Schellings dennoch außerordentlich. Als er mit seiner Dissertation an die Öffentlichkeit tritt, hat er die Literatur nicht nur in ungewöhnlicher Breite rezipiert, sondern deren Probleme in einen eigenen Entwurf eingebracht. Schelling entwirft ein geschichtsphilosophisches Konzept, in dem er sich bemüht nachzuweisen, daß Geschichte die Entwicklung der Vernunft selbst ist. Einerseits ist sein Vernunftkonzept an Kant orientiert, andererseits empfängt er wesentliche Anregungen von Christian Gottlob Heyne, Herder und Leibniz. Einige markante Anhalts-

[1] F. W. J. Schelling, Antiquissimi de prima malorum humanorum origine philosophematis Genes. III. explicandi tentamen criticum et philosophicum, vgl. *1.3.*

punkte werden im folgenden aus dem Werk der Genannten hervorgehoben.

2. In dem Jahr, in dem Schelling sein Studium beginnt, erscheint das letzte der die Denkungsart revolutionierenden Werke Kants, die „Kritik der Urteilskraft"[2]. Das Revolutionäre[3] der Kantischen Philosophie besteht nicht in einer neuen Theorie über die traditionellen Gegenstände philosophischen Nachdenkens, sondern darin, daß das Erkennen der Gegenstände jetzt zum Inhalt der philosophischen Theorie wird. Ehe Kant von Gegenständen der Erkenntnis reden will, prüft er das Erkennen selbst. Das Erkennen kann man nur erkennend prüfen, und insoferne ist seine Kritik Selbsterkenntnis der Erkenntnis, wobei der Genitiv sowohl als genitivus subiectivus wie als genitivus obiectivus zu lesen ist. Im Verfahren der Kritik der Vernunft ist diese zugleich Gerichtshof, Angeklagter und Kläger. Resultat dieses Verfahrens kann nur ein explizites Wissen der Vernunft von sich selbst sein, das es ermöglicht, die Leistungsfähigkeit der Vernunft exakt anzugeben, d. h. ihre Möglichkeiten, aber auch ihre Grenzen genau zu bestimmen.

Das Geschäft der Kritik kann nicht gewissermaßen rhapsodisch[4] durchgeführt werden; es verlangt vielmehr, daß die Vernunft in ihrem ganzen Zusammenhang durchschaut wird. Dieser Zusammenhang kann nicht zufällig sein, wenn von ihm die Leistungsfähigkeit der Vernunft soll abgelesen werden können, im Gegenteil, er muß als notwendig und in jedem Falle geltend vorgestellt werden. Ein solcher notwendiger und in seiner Gänze durchschaubarer Zusammenhang wird ein System genannt; Vernunft kann unter der Kantischen Fragestellung nur als System gedacht werden.

Da die Erkenntnis des Vernunftsystems für alle wirklichen und möglichen Fälle gelten soll, kann sie nicht durch

---

[2] I. Kant, Critik der Urtheilskraft, Berlin und Libau 1790.

[3] Vgl. I. Kant, Critik der reinen Vernunft (zitiert: KrV) 2. Aufl. (B) Riga 1787, XXII.

[4] Vgl. KrV B 860.

Erfahrung gewonnen werden. Wenn auch die Erfahrung zeigt, daß bestimmte Fälle unter bestimmten Voraussetzungen stets eintreten, so ist damit doch keine Garantie dafür gegeben, daß sich in Zukunft diese bestimmten Fälle weiterhin ereignen. Erfahrung kann somit keine Gewißheit, die über den Zweifel erhaben ist, vermitteln; folglich läßt sich aus ihr kein System, dessen Momente notwendig miteinander zusammenhängen, ableiten. Da aber das Kantische System als gewisser und notwendiger Zusammenhang begriffen wird, darf der von Kant durchgeführten Selbstreflexion der Vernunft kein Moment der Ungewißheit, wie es der Erfahrung stets anhaftet, anhangen. Sie *reflektiert* zwar die Erfahrungserkenntnis, *schöpft* aber nicht aus der Erfahrung, d. h. sie reflektiert die Prinzipien von Erfahrung, die jede mögliche Erfahrung erst begründen und ihr voraufliegen. Diese von Kant so genannten Prinzipien a priori sind die Konstanten in der prinzipiell unendlichen Mannigfaltigkeit der Erfahrung und machen es möglich, Erfahrung zu ordnen, d. i. Regelmäßigkeit in ihr festzustellen. Ohne Prinzipien a priori wäre Erfahrung nicht das, was wir unter ihr verstehen, sondern ein Vorüberfließen ständig neuer, untereinander beziehungsloser Erlebnisse; hingegen machen es die Prinzipien a priori möglich, die Erlebnisse aufeinander zu beziehen und damit die Erfahrung als einen Zusammenhang zu denken. Erfahrung ist dadurch eine, daß sie durch Prinzipien a priori konstituiert ist. Diese Prinzipien können nicht selbst zusammenhanglos gedacht werden, wenn sie den Zusammenhang der Erfahrung begründen sollen. Sie bilden das System der reinen, d. h. nicht durch Erfahrungen veränderbaren Vernunft. Wenn auch Kant dieses System nicht dargestellt, sondern zunächst nur die apriorischen Momente des Erkennens kritisch von den empirischen abgehoben hat, so setzt er doch voraus, daß menschliche Vernunft „ihrer Natur nach architektonisch" ist, „d. i. sie betrachtet alle Erkenntnisse als gehörig zu einem möglichen System"[5]. Das Gebäude der Vernunft steht gewissermaßen selbst zeitlos im Strom der Zeiten

[5] KrV B 502.

und macht Zeit überhaupt erst erkennbar. Wenn und wo auch immer erkannt wird, alles Erkennen ist die Erkenntnis einer und derselben Vernunft. Vernunft ist in all ihren Vollzügen mit sich identisch.

Eine Vernunft, die die Erfahrung konstituiert, gibt ihr eben dadurch ihr Gesetz; sie ist gesetzgebend. Naives Bewußtsein weiß allerdings nicht von dieser Gesetzgebung, es weiß nur, daß sich die Objekte der Erfahrung gesetzmäßig verhalten. Philosophie erst belehrt das Bewußtsein über seine Kraft und Wirkung. Dieser Belehrung bedarf das naive Bewußtsein allerdings nicht, wo es sich in praktischen Zusammenhängen vorstellt. Wenn es sich einer Verpflichtung inne wird, so stellt es sich vor, nach einem bestimmten Grundsatz handeln zu sollen. Grundsätze dieser Art sind praktische, im speziellen sittliche Grundsätze und unterscheiden sich für naives Bewußtsein insofern von denen der Natur, als sie nicht automatisch wirken, sondern nur, wenn ein Bewußtsein sie vorstellt und ihnen gemäß oder nicht gemäß frei handelt. Ebenso wie Kant die das Gebiet der Natur beherrschenden Gesetze auf ihre Herkunft hin befragt, untersucht er auch die das Gebiet der Freiheit beherrschenden Gesetze.

Bei dieser Untersuchung jedoch zeigt sich etwas Eigentümliches. Das theoretische Vermögen der Erkenntnis der Natur ist stets rückgebunden an die Sinnlichkeit, d. h. durch die Gesetze des Verstandes wird nur insofern erkannt, als ihnen Anschauung gegeben ist.[6] Nun sind zwar die Regeln der Geschicklichkeit und der Klugheit rückgebunden an die Erfahrung; das Sittengesetz vermittelt jedoch ohne jede Rückbindung an irgendeine Erfahrung die Erkenntnis dessen, was man tun soll.[7] Dieses Gesetz ist rein von der Erfahrung und steht nicht unter deren Bedingungen; praktische Vernunft ist rein und unbedingt, insofern sie gebietet, nicht jedoch insofern sie empfiehlt und rät. Das Faktum unbedingten Sollens, bzw. unbedingten Gebietens weist die Frage nach der Her-

---

[6] Vgl. KrV B 75.

[7] Vgl. I. Kant, Critik der praktischen Vernunft (zitiert: KpV) Riga 1788, 38–40; 165.

kunft des Sittengesetzes ab; was ohne Bedingung ist, läßt sich nicht weiter zurückführen und begründen. Die Gesetzgebung der praktischen Vernunft ist autonom, d. h. die praktische Vernunft gibt sich ihre Gesetze aus sich selbst und empfängt keines, weder aus Erfahrung noch von einem höheren geistigen Wesen, z. B. Gott.[8] Autonomie ist hier zu verstehen als Selbstbestimmung, bzw. Selbstgesetzgebung. Wenn die Autonomie Freiheit genannt wird, so unterscheidet sich dieser Freiheitsbegriff charakteristisch von dem der Willkürfreiheit. Besteht die Freiheit der Vernunft darin, sich selbst das Gesetz zu geben, so besteht die Freiheit der Willkür darin, dem Gesetz zu gehorchen oder nicht zu gehorchen. Das Gesetz der Freiheit, das Sittengesetz, ist der Willkür der Individuen nicht unterworfen, im Gegenteil, die Willkür der Individuen konstituiert sich erst unter dem Anspruch des Sittengesetzes, dessen Grundgesetz als kategorischer Imperativ bekannt ist.[9] Insofern das Sittengesetz individuelle Willkür erst konstituiert, ist und bleibt es für alle vernünftigen Wesen die Grundvoraussetzung und zugleich das Ziel ihrer Existenz. In dieser Funktion von Voraussetzung und Ziel für jedes mögliche vernünftige Wesen kann das Sittengesetz nicht als von sich verschieden, etwa nach Ort und Zeit abgewandelt, erscheinen, es muß als mit sich identisch festgehalten werden.

Die Kantische Kritik hatte die Gesetzgebung der Vernunft auf den Gebieten der Natur und der Freiheit erwiesen und zu diesem Zweck die apriorischen, zeitlos gültigen Prinzipien herausgearbeitet. Unter dem Gesichtspunkt der Kantischen Fragestellung erschien Vernunft als statische Architektonik, die geschichtslos dauert und gilt. Geschichte fiel in den Bereich der Erfahrung und war damit, wie alle Erfahrung, nicht konstruierbar. Die Forderung der Vernunft läßt zwar ein Ideal, auf welches die Weltgeschichte zugehen soll, konstruieren; jedoch wird die Bewegung der Geschichte nicht als

---

[8] Vgl. KpV 58–59.
[9] KpV 54.

eine der Vernunft, sondern als eine der Natur gedacht[10], in die Vernunft in bescheidenem Maße und erst in späten Epochen handelnd eingreifen kann.[11] Sie bleibt der Geschichte, obgleich sie ihr das Telos gibt, äußerlich.

Die Kantische Philosophie gilt gemeinhin als die klassische Philosophie der Aufklärung; diese lebt vom Anspruch der vernünftigen Durchdringung und Erklärung der Welt. Gerade dieser Anspruch nötigt aber auch zur kritischen Prüfung der Phänomene, die als unvernünftig gelten, ob sie nicht doch eine vernünftige Erklärung finden könnten. Eine solche Prüfung legt Kant vor, wenn er die Antinomien[12] der Vernunft zeigt, deren Wurzeln aufdeckt und damit die Notwendigkeit des Scheins darlegt. Indem er die Widersprüche erklärt, verlieren sie ihr Ärgernis für die Vernunft, wenngleich sie nicht aufgehoben sind.

3. Ein in seiner Grundintention, scheinbar Unvernünftiges zu erklären, dem Kantischen ähnlicher Versuch ist der Christian Gottlob Heynes[13], den Mythos zu begreifen. Mythen galten bis auf Heynes Tage als Aberglaube, als Dichtererfindungen oder auch als allegorisch zu verstehendes Bildungsgut. Aberglaube ist durch das Christentum und nunmehr durch die einsetzende Aufklärung als unvernünftig abgetan. Dichtung und Allegorie dienen ästhetischen Vergnügen, haben aber an sich selbst keine Wahrheit und Vernunft. Diese Auffassung vom Mythos gilt so lange unbestritten, als man von der Vorzüglichkeit christlicher Kultur unbedenklich überzeugt ist, als man keine primitiven Religionen kennt und als mythische Elemente des eigenen Selbstverständnisses nicht der Konfrontation mit den Wissenschaften ausgesetzt sind. Als aber in Europa die Kulturhöhe nichtchristlicher

---

[10] Vgl. I. Kant, Idee zu einer allgemeinen Geschichte in weltbürgerlicher Absicht, 1784; 8. und 9. Satz.

[11] Vgl. I. Kant, a. a. O. 6. Satz.

[12] Vgl. KrV B 432–595.

[13] Christian Gottlob Heyne, 1729–1812. Zu seiner Zeit ein hochberühmter Vertreter der klassischen Altertumswissenschaft; seit 1763 Prof. in Göttingen: Vgl. Ch. Hartlich und W. Sachs, *5.1.*

Religionen bekannt wurde, war damit die Überlegenheit christlicher Kultur in Frage gestellt. Zudem erhält Europa Kenntnis vom Leben und der Religion primitiver Völker, z. B. der Indianer oder Grönländer; nun ist es nicht mehr möglich, primitive Religionen als puren Aberglauben abzutun. Zugleich kommt hinzu, daß biblische Texte, z. B. der Schöpfungsbericht, nicht in Übereinstimmung mit den Ergebnissen der Wissenschaft zu bringen sind. Heyne entwickelt eine weiter unten zu skizzierende Theorie, die dem modernen Stand des Wissens dadurch gerecht wird, daß sie die Sprache der ältesten, d. i. der mythischen Welt als eigenständige Sprache begreift, die nicht mit der hochkultivierten Bewußtseins zu identifizieren ist. Er bleibt zwar stets im Bereich der Altertumswissenschaft und wendet seine Theorie nicht auf die Theologie an, aber alsbald übertragen die Exegeten Eichhorn[14] und Gabler[15] sie in die Exegese des Alten Testamentes. In der Heyneschen Theorie sehen sie eine Möglichkeit, an der Wahrheit der biblischen Texte, vornehmlich Genesis 1–3, angesichts des neuen Wissensstandes festzuhalten.

Was ist die Stärke der Heyneschen Theorie? Ihr Bewußtsein, daß historischer Abstand weit mehr als zeitliche Entfernung bedeutet, nämlich Abstand der Vorstellungsweise. Dieser Abstand wird deutlich, wenn die Zeit des Mythos als Kindheit des Menschengeschlechts beschrieben wird. So wie das Vorstellen eines Kindes von dem des Erwachsenen entfernt ist, so auch das des mythischen Menschen von dem des aufgeklärten. Wie aber der Erwachsene das ehemalige Kind ist und sich seines kindlichen Vorstellens erinnern und dieses begreifen kann, so kann auch die Aufklärung sehr wohl das mythische Zeitalter begreifen. Mit anderen Worten: Mythen werden als Zeugnisse einer früheren, der ältesten dokumen-

[14] Johann Gottfried Eichhorn, 1752–1827. Evangelischer Theologe; Begründer der modernen biblischen Einleitungswissenschaft; ab 1775 Prof. der orientalischen Sprachen in Jena; seit 1788 Prof. der Philosophie in Göttingen: Vgl. *5.1.*

[15] Johann Philipp Gabler, 1753–1826. Evangelischer Theologe; Schüler Eichhorns; ab 1785 Prof. in Altdorf; seit 1804 Prof. in Jena: Vgl. *5.1.*

tierten Stufe der Entwicklung menschlichen Geistes verstanden. Dieses Verständnis von Mythen erlaubt, diese zwar nicht buchstäblich, wohl aber als vernünftig und sinnvoll auszulegen. Heyne bestimmt die Stufe der Kindheit von der seiner Zeit aus, so wie das Können des Kindes an dem des Erwachsenen gemessen wird. Dementsprechend ist die Kindheit gekennzeichnet durch das, was sie im Gegensatz zum Vollalter nicht ist, d. h. durch Mängel. Heyne nennt deren drei. Zum ersten mangelt es dem mythischen Zeitalter an abstraktem Denken, vornehmlich am Erfassen von Kausalzusammenhängen; die Vorstellungskraft ist noch ganz in der Sinnlichkeit befangen und hat sich noch nicht zu begrifflichem Denken erhoben. Somit kann sich die Sprache dieser Zeit nicht begrifflich artikulieren, es fehlt ihr, dies ist der zweite Mangel, an Ausdrucksvermögen; die Sprache bleibt in Bildern befangen. Sie kann z. B. das abstrakte Kausalverhältnis nicht abstrakt ausdrücken, sondern muß sich dazu des Bildes der Zeugung bedienen. Wo abstraktes Denken nicht ausgebildet ist, fehlt die Fähigkeit, sich durch Reflexion von der Sinnlichkeit zu distanzieren. Diesem dritten Mangel entspricht ein durchgängiges Verhaftetsein in der Sinnlichkeit; so kann der Blitz nicht als Entladung von elektrischer Energie begriffen werden, Zeus schleudert ihn. Nach alledem mangelt es dem mythischen Zeitalter an der Kraft, die höheren Vorstellungsvermögen: Urteilskraft, Verstand und Vernunft zu gebrauchen; einzig die Einbildungskraft ist unter allen Vernunftvermögen entwickelt.

Unter dieser Voraussetzung wird klar, warum Mythen weder Allegorien noch Dichtungen sein können; beide setzen nämlich voraus, daß man eine andere als die bildhafte Sprache sprechen kann. Die Ausbildung einer durch andere Vernunftvermögen als die Einbildungskraft geprägten Sprache kann aber in mythischer Zeit nicht vorausgesetzt werden. Wenn sich die Dichtung, die die Konstitution einer begrifflichen neben der bildhaften Sprache voraussetzt, der Mythen bemächtigt, ist das Zeitalter des Mythos vorüber. Die bildhafte Sprache der Mythen darf auch nicht dazu verführen, sie als Aberglaube anzusehen. Aberglaube setzt die Möglichkeit eines besseren Wissens und wahren Glaubens voraus; demgegenüber hat der mythische Mensch nur eine einzige Möglichkeit auszudrücken, was spätere Zeiten in den Wissenschaften, insbesondere in Geschichte und Philosophie, aussprechen können. Eine rechte Interpretation wird die Wahrheit der Mythen heute anders aussprechen, sie aber als Manifestationen von Wahrheit festhalten können. In diesem Sinne läßt sich der Schöpfungsbericht zwar nicht als die Erzählung von geschichtlichen Vorgängen verstehen, wohl aber als die Aussage: Gott ist der Urheber der Welt.

Obgleich Heyne kein Vernunftkonzept entwickelt, liegt, wie das Bild von der Kindheit der Menschheit deutlich zeigt, seinem Denken das Modell der Entwicklung zugrunde. Die Geschichte entwickelt sich von einem Zustand, in dem nur die Einbildungskraft herrscht, bis zu einem Zustand, der zumindest begriffliches Denken erlaubt.

4. Das Konzept einer sich entwickelnden Vernunft entwirft nun Herder in seinen „Ideen zur Philosophie der Geschichte der Menschheit“[16]. Vernunft ist für ihn gerade nicht das ungewordene Apriori allen Erkennens und Handelns, sie ist kein, wie er sich ausdrückt, „angeborenes Automat“[17], sondern ein erlernter, künstlicher Instinkt[18]. Wenn Vernunft kein Apriori ist, so muß sie empirisch aufgewiesen werden können.

Das Vernunft offenbarende empirische Phänomen ist für Herder die Sprache. Nur insofern Menschen sich einander mitteilen, wird die pure Vernunftfähigkeit wirkende Vernunft. Sprache macht aus einem rein empfindenden Wesen ein denkendes. Sie vereint die diversen Empfindungen der verschiedenen Sinne. Indem sie mehrere Empfindungen als einem Objekt zugehörig begreift, löst sie den Menschen aus

[16] Riga und Leipzig, 1. Teil 1784; 2. Teil 1785; 3. Teil 1787; 4. Teil 1791; in: Johann Gottfried Herder: Sämtliche Werke, hg. v. Bernhard Suphan, Berlin Bd. XIII 1887; Bd. XIV 1909.
[17] A. a. O. Bd. XIII, 144.
[18] Vgl. ebd.

der unmittelbaren Bindung an die Sinnlichkeit. Die Abstraktion aus der Sinnlichkeit macht es möglich, mit der neugewonnenen Kraft des Gedankens wiederum in die Sinnlichkeit einzugreifen.[19] Herrschaft über die Sinnlichkeit, die Natur, auch die des Menschen über sich selbst, ist erst durch Sprache möglich.

Insofern Vernunft an Sprache gebunden ist, wird sie dadurch lebendig, daß Menschen einander etwas mitzuteilen haben. Sprache wird von Mensch zu Mensch, von Generation zu Generation weitergegeben, das Kind lernt sie vom Erwachsenen; demnach hat das Individuum Sprache und Vernunft vernommen. Indem das Kind sprechen lernt, vernimmt es das Wissen und die Wertungen derer, die mit ihm reden, übernimmt sie als sein eigen und richtet sich nach dem vernommenen Wissen und den vernommenen Wertungen aus. Somit kann Herder sagen: „Theoretisch und praktisch ist Vernunft nichts als etwas *Vernommenes,* eine gelernte Proportion und Richtung der Ideen und Kräfte, zu welcher der Mensch nach seiner Organisation und Lebensweise gebildet worden."[20] Vernunft ist Resultat und Moment des menschlichen Bildungsprozesses, sowohl des individuellen wie des generellen. Sie ist das, was aus dem Menschen als Naturwesen im Laufe seiner Geschichte wurde.

5. Eine Geschichtskonzeption nach dem Muster der Entwicklung unter dem Leitfaden von Vernunft ist der Frage ausgesetzt, warum Vernunft nicht sofort in ihrer Vollgestalt herrsche, warum sogar gelegentlich das Vernunftwidrige sich durchsetzt. Herder kennt dieses Problem und verweist auf Leibnizens Theodizee[21], die das Modell der Erörterung abgibt. Die Theodizee ist zwar kein geschichtsphilosophisches Werk, erörtert aber die Frage des Ursprungs des Bösen. Die Geschichtsphilosophie ihrerseits greift aus der Theodizee

---

[19] Vgl. a. a. O. Bd. XIII, 141.
[20] A. a. O. Bd. XIII, 145.
[21] Gottfried Wilhelm Leibniz, Essais de Theodicée sur la Bonité de Dieu, La Liberté de l'Homme et l'Origine du Mal, Amsterdam 1710.

nicht die metaphysische Frage auf, ob Gott das Böse veranlasse oder nur zulasse, sondern fragt nach der Macht des Bösen, ob Böses ein vollendetes Gutes absolut vernichte oder ob Böses sinnvoll in einen Prozeß, der zu einem vollendeten Guten führt, eingeordnet werden kann. Diese Thematik formuliert schon Augustinus in seinem Wort von der felix culpa, das Leibniz in der Theodizee aufgreift.[22] Die Schuld wird um der sie bei weitem übersteigenden Erlösung willen glücklich gepriesen. Damit ist das Böse eingeordnet in einen Prozeß, der ein endgültiges Gutes hervorbringt. Insofern Erlösung erst durch Schuld notwendig wird, wird das Böse ein Moment der Hervorbringung des Guten selbst, das Unvernünftige ein Moment im Prozeß der Erscheinung und Realisierung von Vernunft. Das Böse in der Geschichte kann deren endgültige Vernunftgestalt nicht nur nicht verhindern, sondern muß sie sogar selbst mit hervorbringen.

6. Die skizzierten Theorien sind Schelling spätestens 1792 gegenwärtig. Sein erstes philosophisches Konzept, das er in seiner Magisterdissertation „Antiquissimi“ und in dem folgenden Aufsatz „Über Mythen“[23] darlegt, sucht sie zu verbinden.

---

[22] A. a. O. Teil 1, § 10.

[23] F. W. J. Schelling, Ueber Mythen, historische Sagen und Philosopheme der ältesten Welt, vgl. *1.4*.

C. *Schellings philosophische Entwicklung*

I. Geschichte als Prozeß der Vernunft

Von Wilhelm G. Jacobs

1. Wenn Schelling die beiden Konzepte einer gesetzgebenden (Kant) und einer vernommenen Vernunft (Herder) verbindet, so muß er einerseits ein Werden der Vernunft, andererseits Prinzipien der Vernunft behaupten. Negiert er das Werden, so kann er keine *Geschichte* der Vernunft denken, verneint er die Vernunftprinzipien, so verneint er eben die Prinzipien, nach denen er sie doch, indem er sie verneint, vorstellen muß. Schelling versucht demnach die gesetzgebende Vernunft in ihrem Werden zu denken.

2. Dieser Versuch impliziert, daß keine beliebige Geschichte, die so oder auch anders hätte verlaufen können, gedacht wird, sondern die Geschichte von Prinzipien in ihrem Aufeinanderfolgen, d. h. die Geschichte eines notwendigen Zusammenhanges, oder anders: eines Systems. Die Geschichte dieses Systems wird nicht empirisch festgestellt, sondern gewissermaßen a priori gedacht und dient als Leitfaden der empirischen Geschichtsbetrachtung. Ein Werden, das vorgegebenen immanenten Notwendigkeiten folgt, ist eine Entwicklung, bei der Ausgangs- und Endpunkt festliegen. Der Endpunkt ist jener Zustand, in dem das Gesetz der Vernunft durchgängig herrscht; der Anfang ist das Stadium, in dem keine Spur von Vernunft ist, in dem somit nur Natur ist; dieser Zustand heißt dementsprechend Naturzustand. Demnach ist Geschichte der Übergang vom puren Naturzustand in einen vollendeten Vernunftzustand. Während der pure Naturzustand als ein solcher zu verstehen ist, in dem nur Natur und keinerlei Vernunft ist, ist im vollendeten

Vernunftzustand die Natur nicht eliminiert, wohl aber der Vernunft untergeordnet. Eine der Vernunft untergeordnete Natur setzt ihr keinen Widerstand entgegen. Die Vernunft ist dann nicht nur in ihrer Gesetzgebung frei, sondern auch in ihrer Verwirklichung; was sie gebietet, geschieht. Der vollendete Vernunftzustand ist zugleich als Zustand höchster Freiheit, der Naturzustand als ein solcher der Notwendigkeit oder, im Gegensatz zur Freiheit, als einer der Unfreiheit zu charakterisieren. Zwischen diesen Zuständen verläuft die geschichtliche Entwicklung.

Durch den Eintritt von Vernunft in den puren Naturzustand beginnt die Geschichte. Dieser Beginn erfolgt aus der Spontaneität der Vernunft selbst und ist insofern nicht mehr hinterfragbar. Im Anschluß an Kant[1] deutet Schelling den in Genesis 3 aufgezeichneten Mythos, das ist die sogenannte Geschichte vom Sündenfall, den er in Parallele zu den Mythen vom goldenen Zeitalter setzt, als Philosophem über diesen Eintritt der Vernunft in den reinen Naturzustand.[2]

3. Diese Auslegung ist freilich erst möglich in einem Zeitalter, das die Transposition von einer Bildersprache in eine Begriffssprache erlaubt; sie setzt einen gewissen Grad von Aufklärung voraus. Einen weit höheren, sogar den höchsten Grad von Aufklärung setzt die Konzeption des Endes der Geschichte voraus. Das Ende der Geschichte ist das Erreichen ihres Zieles. Soll die Proklamation dieses Zieles nicht willkürlich sein, so setzt sie Einsicht in den Sinn der Geschichte voraus. Diese Einsicht darf auch nicht derart epochenbedingt sein, daß die jeweils nächste Epoche die Zielsetzung von Geschichte erneut bestimmen würde; eine solche sich ablösende, vielleicht jeweils erhöhende Folge von Sinngebungen ist von Schelling nicht intendiert. Es geht ihm um eine nicht revidierbare Zielsetzung für die Geschichte. Die Konzeption des Zieles der Geschichte muß wohl begründet

[1] Vgl. I. Kant, Muthmaßlicher Anfang der Menschengeschichte, 1786.

[2] Vgl. *1.3*, bes. § V.

und entsprechend auszuweisen sein; sie ist genötigt, sich in einem wissenschaftlichen Erkenntnisprozeß zu legitimieren. Eine nicht zu hintergehende Erkenntnis wird aber erst dann erreicht, wenn die Erkenntnis sich selbst erkannt hat, wenn die Vernunft sich kritisiert und als gültige legitimiert hat. Erst die über sich selbst aufgeklärte Vernunft vermag es, das Ziel der Geschichte so gewiß anzugeben, daß Menschen es wagen können, dieses Ziel bewußt anzustreben. Mit der Selbstaufklärung der Vernunft kommt die Philosophie im Selbstverständnis der Aufklärung an ihr Ende. Sie hört auf, Streben nach Wissen zu sein, sie *ist* Wissen, wie Fichte 1794 sagte: Wissenschaftslehre. Die Aufgabe der Aufklärung ist dann nicht mehr die Erkenntnis der Welt, sondern deren Gestaltung aus der Erkenntnis.

Die Kantische Selbstaufklärung der Vernunft hatte für Schellings Geschichtsphilosophie zwei bedeutsame Ergebnisse gezeitigt. Zum einen hatte sie die Gesetzgebung der Vernunft, insbesondere ihre Autonomie im Gebiete der Freiheit erwiesen. Damit war die Vernunft als unbedingt fordernde begriffen; die ihrer Forderung entsprechende Einrichtung der menschlichen Gesellschaft galt als absolutes Ziel der Geschichte. Diese Zielsetzung konnte, weil die gebietende Vernunft absolut war, nicht mehr hintergangen werden. Der archimedische Punkt der Philosophie war gefunden.

Zum zweiten hatte die Vernunftkritik die verschiedenen Vermögen der Vernunft expliziert und den Zusammenhang ihrer Prinzipien festgestellt. Reinhold hatte schon, über Kant hinausgehend, das System der theoretischen Vernunft darzustellen unternommen.[3]

4. Wenn nun Geschichte der Übergang vom puren Naturzustand zu einem Zustand ist, in dem Vernunft herrscht, so ist Geschichte die Entwicklung der Vernunft selbst. Dann

---

[3] Vgl. Karl Leonhard Reinhold, Versuch einer neuen Theorie des menschlichen Vorstellungsvermögens, Prag und Jena 1789; und: Beyträge zur Berichtigung bisheriger Mißverständnisse der Philosophen, Erster Band das Fundament der Elementarphilosophie betreffend, Jena 1790.

aber muß die Geschichte am Leitfaden der Vernunft gewissermaßen a priori zu konstruieren sein. Ihre Epochen sind dann gekennzeichnet durch die Entwicklung der einzelnen Vernunftvermögen. Dies geschieht in der Tat bei Schelling.[4] In der ersten Epoche der Geschichte dominiert die Einbildungskraft, in der zweiten Urteilskraft und Verstand, bzw. im Gebiet der praktischen Vernunft Klugheit, und in der dritten Epoche wird Vernunft um ihrer selbst willen kultiviert.

Da Vernunft als sich entwickelnde begriffen wird, so wird sie sowohl als mit sich identisch wie auch als sich verändernd gedacht. Daß Schelling an der Identität der Vernunft festhält, zeigt sich, wenn er Mythen, die in die Epoche der Einbildungskraft gehören, als Bürger des 18. Jahrhunderts, der in der Epoche der Vernunftkultur lebt, interpretiert.[5] Er hält am identischen, verständlichen Gehalt fest, nicht aber an der Artikulationsweise, die, je höher die Vernunftvermögen entwickelt sind, desto begrifflich exakter wird. Insofern begriffliche Artikulation bewußt und spontan geschieht, ist Geschichte Bewußtwerden der Vernunft von sich selbst. Ein Vermögen nach dem anderen tritt aus seiner unbewußten Wirksamkeit ins Bewußtsein, ein Vermögen nach dem anderen tritt aus dem Status der Potenz in die Aktualität.

Die Aktualisierung der Vernunft geschieht aus eigener Spontaneität, jedoch nicht an ihr selbst. Die einmal spontan hervorgetretene Vernunft tritt in eine rein naturbestimmte Welt ein und zerstört diese. Das Bewußtsein von Zukunft z. B., das dem Naturzustand fremd ist, zerreißt mit der Erwartung von Tod, Krankheit und Leid die unbefragte Einheit des Menschen mit der Natur. Natur und Vernunft treiben nun zu jeweils verschiedenen, oft nicht zu vereinenden Zielen und treten damit in Konkurrenz.

Vernunft, anfänglich in Dienst genommen von der Natur, indem sie Empfindungen vergleicht, erfährt in diesem Dienst ihre eigene Stärke. Im Vergleich macht die Vernunft

---

[4] Vgl. *1.3*, § VII.
[5] Vgl. z. B. *1.4*, 66–67.

die Erfahrung ihrer Urteilsfähigkeit, wird sich dieser bewußt und beginnt ihrerseits die Natur in Dienst zu nehmen, indem sie erste Künste und Techniken entwickelt. Diese Indienstnahme der Natur geschieht aber noch im Dienst der von Natur aus vorgegebenen Zwecke; praktische Vernunft ist in dieser Epoche vornehmlich Klugheit, d. i. Organisation von Triebbefriedigung. Indem aber Vernunft erfährt, daß sie überhaupt herrschen kann, entwickelt sich ihr Bewußtsein, daß sie schlechthin gebietet und unbeschränkt herrschen soll; damit kommt sie zu sich selbst.

Der Prozeß, in dem Vernunft zu sich selbst gekommen ist und sich aus der Dienstbarkeit der Natur befreit, ist ein Prozeß auch des Leides und des Bösen. Der Eintritt der Vernunft in die Welt ist das Ende der problemlosen Harmonie von Mensch und Natur, im mythischen Bild: die Vertreibung aus dem Paradies, das Ende des goldenen Zeitalters. Mit dem Auftreten von Vernunft tritt zugleich das Widervernünftige auf. Indem aber Not bewußt wird, ist sie zugleich Stimulans, ihr zu wehren. Insofern wird sie in den Prozeß der Vernunftentwicklung eingeordnet. Wer aber forderte, daß sich dieser Prozeß ohne Not und Bosheit entwickle, würde das Wesen der Vernunft, d. i. Freiheit, verkennen. Freiheit ist Sein und Wirken aus sich selbst. Nur wenn Vernunft sich aus sich selbst zu ihrer endgültigen Gestalt emporarbeitet, ist sie Vernunft. Es entspräche ihrer Würde nicht, vom Schicksal zu erhalten, was sie aus sich selbst sein kann und sein soll. Die Überwindung des Vernunftwidrigen entfaltet und garantiert die Freiheit der Vernunft; Vernunft ist nur, was sie aus sich selbst ist.

5. Das von Schelling entwickelte Geschichtskonzept, so wurde gesagt, ist seinem Selbstverständnis nach nur vom Bewußtsein der Aufklärung aus möglich. Erst wenn die Vernunft sich selbst durchschaut und in ihrer Autonomie erkannt hat, kann sie dieses Konzept entwerfen. Dies gilt nicht nur für die Rückschau in die Vergangenheit, es gilt ebenso für den Vorausblick in die Zukunft, der mit diesem universalgeschichtlichen Konzept verbunden ist. Das Bemühen um

eine unwiderrufliche Etablierung des Zieles der Geschichte geschieht nicht um der reinen Theorie willen, die ja in der Aufklärung zur Vollendung kommt. Mit der Vollendung der Theorie ist aber noch nicht die Geschichte selbst schon zur Vollendung gekommen. Die Vernunft ist zwar als gebietend erkannt, herrscht aber noch nicht durchgängig. Diese Herrschaft ist erst herbeizuführen. Philosophie kann daher nicht im Elfenbeinturm der Wissenschaft bleiben, sie muß in Handlung übergehen. Philosophie ist aber nicht Handlung, sondern Wissen; in Handlung kann sie nur dadurch übergehen, daß Menschen gemäß dem philosophisch gesicherten Wissen handeln. Dieses Handeln, das dem Wissen folgt, ist kein blindes, sondern ein freies und vernünftiges. Damit ist gesagt, daß einerseits jeder Handelnde sich von der Legalität seines Tuns im Wissen überzeugt hat, ehe er handelt, und andererseits dieses Handeln, insofern es Menschen betrifft, diese als freie und vernünftige, d. i. als Selbstzweck und nicht als Mittel, behandeln muß. Philosophen dürfen also Menschen nicht zu blindem Handeln verleiten, sondern müssen ihnen das Ziel der Vernunft als einzig legitimes Handlungsziel vor Augen stellen. Der Übergang der Philosophie in Handlung muß demnach Volksaufklärung sein. Erst wenn die Aufklärung allgemein geworden ist, wird der letzte Schritt zur Vollendung der Geschichte in freiem Handeln getan werden können. Dann wird Vernunft, anders Freiheit, allenthalben herrschen, als rechtliche wie als moralische.

6. Es wird berichtet, Schelling habe in Tübingen zusammen mit Hegel und anderen Studenten einen Freiheitsbaum aufgerichtet. Diese Nachricht ist nicht gesichert; sicher aber ist, daß Schelling den Emanzipationsanspruch der Französischen Revolution und zugleich die Bedingungen seiner Verwirklichung geschichtsphilosophisch zu begreifen suchte. Wenn die Weltgeschichte Vernunftgeschichte ist, darf die Tat nicht ewig dem Begriff vorangehen. Sobald Vernunft sich selbst durchschaut, kehrt sich das Verhältnis von Tat und Begriff um. Von nun an hat der Begriff die Tat zu bestimmen. Die Arbeit am Begriff ist dann der Anfang der Tat.

II. Das Unbedingte im Wissen: Ich - Identität - Freiheit

Von Hans Michael Baumgartner

1. In die philosophische Diskussion seiner Zeit schaltet sich Schelling im Jahr 1794 mit der Schrift „Über die Möglichkeit einer Form der Philosophie überhaupt“ ein. Er bezieht sich in ihr ausdrücklich auf Kants Kritik der reinen Vernunft, „in welcher ihm von Anfang an nichts dunkler und schwieriger schien, als der Versuch, eine Form aller Philosophie zu begründen, ohne daß doch irgendwo ein Prinzip aufgestellt war, durch welches nicht nur die allen einzelnen Formen zugrunde liegende Urform selbst, sondern auch der notwendige Zusammenhang derselben mit den einzelnen von ihr abhängigen Formen begründet worden wäre“ (I 87). Daher stellt sich ihm zugleich mit dem Problem der Einheit der Philosophie als einer obersten Wissenschaft die Frage nach der Bestimmung ihres obersten einheitgebenden Grundsatzes, der – seiner Funktion gemäß – zugleich Form und Inhalt aller Philosophie in sich vereinigen und als sowohl inhaltliches wie formales Prinzip alles Wissens gelten muß. Folie von Schellings Überlegungen sind dabei vor allem – wie übrigens auch für Fichte – der Skeptizismus des Aenesidemus-Schulze, Reinholds Elementarphilosophie und Salomon Maimons „Neue Theorie des Denkens“, wie auch im weiteren Verlauf seiner Ausführungen die Leibnizische Auffassung des Widerspruchssatzes und des Satzes vom zureichenden Grund. Im Vordergrund der Thematik, „endlich eine Auflösung des *gesamten* Problems *über die Möglichkeit der Philosophie überhaupt* herbeizuführen“ (I 88), stand freilich die von Kant vollzogene Unterscheidung analytischer und synthetischer Urteile sowie dessen Kategorienlehre, der

Schelling mit seinem Deduktionsvorschlag ein einheitliches Fundament zu geben versuchte.[1] Unmittelbarer Anknüpfungspunkt und sowohl gedankliches wie stilistisches Medium war indessen die kurz vorher erschienene Schrift Johann Gottlieb Fichtes „Über den Begriff der Wissenschaftslehre oder der sogenannten Philosophie" (1794). In enger Anlehnung an Fichte konzipiert Schelling darum die Philosophia prima als „Theorie (Wissenschaft) aller Wissenschaft", als „Urwissenschaft, oder Wissenschaft κατ'ἐξοχήν" (I 92) und entwickelt an den von Fichte übernommenen drei Grundsätzen alles Wissens nicht nur die „Urform aller Wissenschaft", die er als „Form der *Unbedingtheit* [Erster Grundsatz], der *Bedingtheit* [Zweiter Grundsatz] und der durch *Unbedingtheit bestimmten Bedingtheit* [Dritter Grundsatz]" (I 101) formuliert, sondern gleichermaßen den ursprünglich gegebenen Inhalt alles Wissens, der sich – auf Grund des Wechselverhältnisses von Form und Inhalt – aus den drei Grundsätzen als Ich, Nicht-Ich und das Produkt beider bestimmen läßt.[2]

2. Schellings Schrift „Über die Möglichkeit einer Form der Philosophie" hatte über den Begriff des Ich eine Grundlegung der Philosophie als oberster Wissenschaft versucht, die ihm „die Aussicht auf eine endlich zu erreichende Einheit des Wissens, des Glaubens und des Wollens – das letzte Erbe der Menschheit" (I 112) und damit die Möglichkeit zu eröffnen schien, durch Philosophie „die Übel der Menschheit [. . . zu] heilen" und „auf die Schicksale unseres ganzen Geschlechtes" (I 112) Einfluß zu nehmen. Die von ihm intendierte Kritik der bisherigen Philosophie verfolgte daher eine die philosophische Reflexion um ihrer selbst willen transzendierende Absicht, die ihren Horizont und ihren Leitfaden an dem frühen Konzept von Geschichte als einem Prozeß der

---

[1] Vgl. I 103–110.
[2] Vgl. I 110.

Vernunft besaß.[3] Nun war allerdings mit den einheitstiftenden Grundsätzen, der Urform der Unbedingtheit und dem Urinhalt des Ich allererst der allgemeine formale Rahmen einer geschichtlich relevanten Philosophie abgesteckt, so daß es darauf ankam, das Ich als Prinzip der Philosophie, und das heißt ja die oberste unbedingte Bedingung von Wissen überhaupt, genauer zu explizieren und durchsichtig zu machen. Eben diese Aufgabe versuchte Schelling in der 1795 erschienenen Schrift „Vom Ich als Prinzip der Philosophie oder über das Unbedingte im menschlichen Wissen" zu lösen. In ihr geht es also darum, die Einheit der Philosophie aus dem Einen Prinzip, dem letzten Einheits- und Realgrund alles Wissens so zu denken, daß nicht nur die einzig mögliche Philosophie, sondern auch das wahre Wesen des Menschen zur Darstellung gebracht wird. Vollendung der kritischen Philosophie, Vollendung des wahren Wissens über den Menschen und Vollendung des geschichtlichen Prozesses der Menschheit erscheinen daher auf eigentümliche Weise miteinander verschränkt.

Die im wesentlichen an dem Verhältnis von Dogmatismus und Kritizismus, und damit an Spinoza, Kant und Fichte orientierten Überlegungen Schellings nehmen den folgenden, nur nach seinen Hauptetappen zu skizzierenden Argumentationsgang: Da Wissen ohne Realität kein Wissen ist, muß es einen „letzten Punkt der Realität" (I 162), einen „letzten Grund der Realität alles Wissens" (I 163) geben, der nur als „das Absolute" (I 163) verstanden werden kann. Dieses Absolute kann nur durch sich selbst gegeben werden, es ist zu denken als „Etwas, das nur durch sich selbst, d. h. durch sein Seyn denkbar ist, das nur insofern gedacht wird, als es ist, kurz, *bei dem das Princip des Seyns und des Denkens zusammenfällt*" (I 163). Insofern dieses Absolute das Bedingende alles Bedingten ist und selbst nicht in die Sphäre dieses Bedingten fällt, ist es selbst „nicht nur unbedingt, sondern schlechthin *unbedingbar*" (I 164). Da sich dieses Unbedingte nun ohne inneren Widerspruch weder als absolutes Objekt

[3] Vgl. den vorhergehenden Beitrag von W. G. Jacobs.

noch in der Sphäre des empirischen Selbstbewußtseins als bedingtes Objekt bzw. als bedingtes Subjekt, und d. h. überhaupt nicht in der Sphäre der Objekte und der *Dinge* bestimmen läßt, kann es allein im „absoluten Ich" (I 167) liegen, dessen Realität nicht „bewiesen", sondern nur im „Regressus" (I 169) vom Bedingten her aufgewiesen werden kann. Ist das Unbedingte im menschlichen Wissen aber ausschließlich als „Absolutes Ich" zu konzipieren, so läßt sich als philosophische Theorie des Unbedingten weder der vollendete Dogmatismus Spinozas aufrechterhalten noch der unvollendete Kritizismus Kants und Reinholds, der zugleich ein unvollendeter Dogmatismus ist. Gefordert ist vielmehr ein vollendeter Kritizismus, der weder von der Erscheinung noch vom Ding an sich, sondern „vom absoluten, alles Entgegengesetzte ausschließenden Ich" (I 176) ausgeht. Damit ist für Schelling der Ausgangspunkt und die Grundbestimmung gewonnen, die es ihm ermöglichen, die weiteren implicite schon gesetzten Bestimmungen des Ich zu entwickeln: so die reine Identität (Sich–Selbst–Gleichheit) als Urform des Ich (§ 7), die absolute Freiheit als das Wesen des Ich in seinem Sich-Setzen (Form seines Gesetztseins) und die intellektuale Anschauung als die einzig mögliche Form seines Gegebenseins (§ 8). Darüber hinaus „deduziert" Schelling am Leitfaden der Kantischen Kategorientafel sowohl die „untergeordneten Formen des Ichs" (§ 9–15) als auch „die durchs Ich begründeten Formen aller Setzbarkeit" (§ 16).

Zusammenfassend läßt sich festhalten: In Anlehnung an Fichte und im kritischen Rückgriff sowohl auf Spinoza wie auf Kant bestimmt Schelling das Unbedingte im Wissen als Absolutes Ich, das jenseits des sich in Ich und Nichtich auslegenden Selbstbewußtseins als reine differenzlose Identität und als absolute Freiheit verstanden wird, so daß es nur einer nichtsinnlichen, intellektualen Anschauung *gegeben* sein kann. Das Sein und Wesen des Menschen, der seiner Faktizität nach endliches Selbstbewußtsein ist, bestimmt sich daher durch das Absolute Ich: Sein Dasein ist die unendliche und zugleich paradoxe Aufgabe, die Schranken der Endlichkeit aufzuheben, d. h. reine Identität und absolute Freiheit theoretisch wie praktisch zu realisieren.[4]

3. Schellings philosophische Intention, sein Bezug auf die Kantische Philosophie, der Versuch, die Resultate der kritischen Philosophie tiefer zu begründen, wie auch die Übernahme einzelner Theoreme aus Fichtes Wissenschaftslehre legen es nahe, seine ersten ausdrücklich philosophischen Schriften als Beiträge zur Transzendentalphilosophie, zu ihren Problemen und ihrer Selbstverständigung, zu werten. Dieser Eindruck verstärkt sich, wenn man Inhalt, Argumentationsform und Schellings Selbstverständnis nicht nur in den skizzierten, sondern auch in den zeitlich folgenden Veröffentlichungen berücksichtigt: so etwa in den „Abhandlungen zur Erläuterung des Idealismus der Wissenschaftslehre" (1796/97) oder im „System des transzendentalen Idealismus"

[4] Vgl. zum ganzen Abschnitt Schellings Brief vom 4. Februar 1795 an Hegel, bes. die folgenden Passagen:
„Ich bin indessen Spinozist geworden! – Staune nicht. Du wirst bald hören, wie? – Spinoza'n war die Welt (das Objekt schlechthin, im Gegensatz gegen das Subjekt) – *alles*; mir ist es das *Ich*. Der eigentliche Unterschied der kritischen und dogmatischen Philosophie scheint mir darin zu liegen, daß jene vom absoluten (noch durch kein Objekt bedingten) Ich, diese vom absoluten Objekt oder Nicht-Ich ausgeht. Die letztere in ihrer höchsten Konsequenz führt auf Spinozas System, die erstere aufs Kantische. Vom *Unbedingten* muß die Philosophie ausgehen. Nun fragt sich's nur, worin dies Unbedingte liegt, im Ich oder im Nicht-Ich. Ist diese Frage entschieden, so ist *alles* entschieden. – Mir ist das höchste Prinzip aller Philosophie das reine, absolute Ich, d. h. das Ich, inwiefern es bloßes Ich, noch gar nicht durch Objekte bedingt, sondern durch *Freiheit* gesetzt ist. Das A und O aller Philosophie ist Freiheit. – Das absolute Ich befaßt eine unendliche Sphäre des absoluten Seins, in dieser bilden sich *endliche* Sphären, die durch *Einschränkung* der absoluten Sphäre durch ein Objekt entstehen (Sphären des *Daseins* – theoretische Philosophie). In diesen ist lauter Bedingtheit, und das Unbedingte führt auf Widersprüche. – Aber wir *sollen* diese Schranken durchbrechen, d. h. wir sollen aus der endlichen Sphäre hinaus in die unendliche kommen (*praktische* Philosophie). Diese *fordert* also Zerstörung der Endlichkeit und führt uns dadurch in die übersinnliche Welt." (Briefe von und an Hegel, Bd. I, Hg. v. J. Hoffmeister, Hamburg [3]1969, 22).

aus dem Jahre 1800. Gleichwohl wird man weder Schelling noch der Kantischen Idee der Transzendentalphilosophie noch Fichtes Wissenschaftslehre gerecht, wollte man Schellings frühe philosophischen Versuche ohne weiteres unter dem Titel „Transzendentalphilosophie“ zusammenfassen. Gewichtige Tatbestände sprechen jedenfalls dagegen: So etwa (1) die fast gleichzeitig mit der Schrift „Vom Ich“ erschienenen „Philosophischen Briefe über Dogmatismus und Kritizismus“ (1795), in denen sowohl der Kantischen Vernunftkritik wie der Fichteschen Wissenschaftslehre ausschließlich die Bedeutung einer allgemeinen Methodologie für philosophische Systeme zuerkannt wird und dementsprechend Dogmatismus und Kritizismus als in der Perspektive der theoretischen Philosophie gleichberechtigte und gleich mögliche Systeme der Philosophie angesehen werden[5], eine Ansicht, die dem Selbstverständnis sowohl Kants wie Fichtes prinzipiell widerspricht. (2) Die Auseinandersetzung Fichtes mit Schelling, die sich gerade an die „Philosophischen Briefe“ anschließt, deren Theoreme Fichte zu Recht vermuten lassen, Schelling habe sowohl Kant wie seine eigene Wissenschaftslehre mißverstanden.[6] (3) Die Tatsache, daß Schelling im Zuge seiner Kritik an der Tübinger Orthodoxie und ihrer Begründung der Offenbarungstheologie auf praktische Postulate einschlußweise auch die Kantische Postulatenlehre ablehnt[7]; sowie (4) und letztlich entscheidend der Umstand, daß inhaltliche Gesichtspunkte der für die Transzendentalphilosophie reklamierten Schriften selbst mit dem transzendentalen Ansatz nicht übereinstimmen. Es sind dies vor allem: die zweideutige Bestimmung des methodischen Verfahrens in der Aufsuchung des obersten Grundsatzes, das in

---

[5] Vgl. Schelling I 225 ff.; vgl. ebenso H. Braun, Philosophie für freie Geister, zu Hegels Manuskript: ... eine Ethik, in: *5.2*, 17–33; insbes. 27 f.

[6] Vgl. im einzelnen R. Lauth, *7.4*, 357, 366; und auch neuerdings I. Görland, *7.3*.

[7] Vgl. bes. K. Düsing, Die Rezeption der Kantischen Postulatenlehre in den frühen philosophischen Entwürfen Schellings und Hegels, in: *5.2*, 53–90; bes. 60 ff.

„Vom Ich" als regressives Verfahren konzipiert ist (I 169), während in der Schrift „Über die Möglichkeit" der Regressus als untauglich abgewiesen wird (I 96); ferner die Konzeption des Unbedingten als eines schlechthin der Sphäre des Selbstbewußtseins Entgegengesetzten, die es zum einen unmöglich macht, das Unbedingte gemäß den Kategorien auszulegen – wie das Schelling gleichwohl in der Schrift „Vom Ich" unternimmt – und es zum anderen nicht mehr erlaubt, das Selbstbewußtsein in seiner Genesis zu begreifen und dem obersten Grundsatz die Funktion eines Deduktionsfundamentes zuzuschreiben; schließlich die Kant und auch Fichte widersprechende Umkehrung des Verhältnisses von „Naturgesetz der Endlichkeit" und „Moralgesetz" (I 199), wonach das Sittengesetz nicht als Erkenntnisgrund des Absoluten, sondern im Gegenteil als abgeleitetes Moment aus dem nunmehr unerklärlichen Faktum des empirischen, bedingten Ichs gedacht wird.[8]

Es trifft daher zu, daß „Schellings eigener philosophischer Ursprung [...] sich wesentlich von dem Fichtes [unterscheidet], und diese Verschiedenheit der Ansätze beider Denker [...] sich bereits in der Frühperiode Schellings aus[wirkt]"[9]. „Der junge Schelling geht nicht von einer [...] kritisch über die Möglichkeit des Wissens [des endlichen Bewußtseins] reflektierenden Philosophie aus [...], er drängt auf eine letzte Einheit hin, in der als dem Ganzen alles beschlossen ist."[10] „Schellings ursprüngliche philosophische Tendenz ist es, die Idee des Unbedingten zur Grundbestimmung aller Philosophie zu erheben."[11] Interpretiert man diese Differenz nicht nur negativ als ein Zurückbleiben Schellings hinter

---

[8] Vgl. auch I 232. – A. Schurr hat jüngst diese Gesichtspunkte in einer ausführlichen Interpretation von „Schellings transzendentalphilosophischen Frühschriften" dargelegt; vgl. A. Schurr, *5.10*, 93–134; bes. 97, 98 ff.

[9] W. Schulz, *5.9*, X; vgl. ebenso I. Görland, *7.3*, 1.

[10] W. Schulz, *5.9*, XI.

[11] W. Schulz, *2.4*, 28. – Vgl. auch M. Schröter, Der Ausgangspunkt der Metaphysik Schellings, in: M. Schröter, *5.23*, 11–51; 17, 25, 27, 35, 49 f.

Fichte, dann scheint es zweckmäßig, den lapidaren Titel „Transzendentalphilosophie" zur Charakterisierung der Schellingschen Philosophie von 1794–1797 bzw. 1800 aufzugeben und die erste Periode seiner Veröffentlichungen als Eröffnungsphase einer philosophischen Reflexion zu begreifen, die sich transzendentaler Begriffe, Argumentationen und Reflexionsformen bedient, um auf theoretisch-philosophischem Gebiet der sei es spinozistischen, sei es klassisch-metaphysischen Intention des Absoluten gerecht zu werden und in praktisch-historischer Perspektive genau jene Philosophie hervorzubringen, welche die universale Geschichte als einen Prozeß der Vernunft zu sich selbst befördert und als zur Einheit vollendete philosophische Wissenschaft, die den Gesamtzusammenhang des Wirklichen im Absoluten erkannt hat, in das Handeln übertreten kann.[12] Schellings Philosophieren – und damit ergibt sich nicht nur ein anderes Verständnis seiner philosophischen Entwicklung, sondern auch ein anderer Beurteilungsmaßstab seiner Auseinandersetzung mit Fichte – ist also weder an seinem Beginn noch zu einem späteren Zeitpunkt schlechterdings Transzendentalphilosophie; es hebt vielmehr an mit einer philosophischen Theorie der Geschichte und verwendet nach Maßgabe dieser Geschichtstheorie Begriffe und Argumentationsstrategien, die primär der Fichteschen Transzendentalphilosophie entstammen. Mit diesem Instrumentarium unternimmt er den Versuch, im Begriff des absoluten Ich und seiner Implikate der reinen Identität und absoluten Freiheit die geschichtlich geforderte Einheit aller Wissenschaften in der höchsten Wissenschaft der Philosophie zu begründen, zugleich aber auch die Freiheit als oberstes Prinzip der Realität zu denken und damit die Vollendung des Wissens als Paradigma bzw. als Garant einer sich vollendenden Menschheitsgeschichte zu begreifen. Die nicht immer zureichend berücksichtigte Passage aus der Vorrede zur Schrift „Vom Ich" mag diesen Zusammenhang belegen:

„Es ist schwer, der Begeisterung zu widerstehen, wenn

[12] Vgl. den vorhergehenden Beitrag von W. G. Jacobs.

man den großen Gedanken denkt, daß, so wie alle Wissenschaften, selbst die empirischen nicht ausgenommen, immermehr dem Punkt vollendeter Einheit entgegeneilen, auch die Menschheit selbst, das Prinzip der Einheit, das der Geschichte derselben von Anfang an als Regulativ zu Grunde liegt [Genau dieser Gedanke hat bereits die theoretischen Möglichkeiten einer Transzendentalphilosophie überschritten!], am Ende als konstitutives Gesetz realisieren werde; daß, so wie alle Strahlen des menschlichen Wissens und die Erfahrungen vieler Jahrhunderte sich endlich in Einem Brennpunkte der Wahrheit sammeln und die Idee zur Wirklichkeit bringen werden, die schon mehreren großen Geistern vorgeschwebt hat, daß nämlich aus allen verschiedenen Wissenschaften am Ende nur Eine werden müsse – ebenso auch die verschiedenen Wege und Abwege, die das Menschengeschlecht bis jetzt durchlaufen hat, endlich in Einem Punkte zusammenlaufen werden, an dem sich die Menschheit wieder sammeln und als Eine vollendete Person dem selben Gesetze der Freiheit gehorchen werde. Mag dieser Zeitpunkt noch so entfernt, mag es auch noch so lange möglich sein über die kühnen Hoffnungen vom Fortgang der Menschheit ein vornehmes Gelächter aufzuschlagen, so ist doch für diejenigen, denen diese Hoffnungen keine Torheit sind, das große Werk aufbehalten, durch gemeinschaftliches Arbeiten an der *Vollendung* der Wissenschaften jene große Periode der Menschheit wenigstens vorzubereiten. Denn alle Ideen müssen sich zuvor im Gebiete des Wissens realisiert haben, ehe sie sich in der Geschichte realisieren; und die Menschheit wird nie eines werden, ehe ihr Wissen zur Einheit gediehen ist.“ (I 158 f.)

4. Der skizzierte Zusammenhang der Frühphilosophie Schellings läßt sich mehrfach verifizieren: Er stellt sich dar in Schellings Konzeption der leitenden Grundbegriffe (Absolutes, Ich, Identität, Freiheit, intellektuale Anschauung), in denen jeweils ein Grund des Wissens gedacht ist, der als unbedingbar und unendlich das endliche Wissen und Selbstbewußtsein, die Sphäre der Endlichkeit, schlechthin transzendiert. Er tritt hervor in der zentralen Problemstellung, die

Schellings verschiedene Neuansätze motiviert und nur aus der geschilderten Konzeption des Absoluten verständlich ist, wie denn das Absolute als solches vom endlichen Bewußtsein erfaßt und wie ein Übergang vom Absoluten zum Selbstbewußtsein, vom Unendlichen zum Endlichen, von der theoretischen zur praktischen Philosophie gedacht werden könne, ohne daß das über alle Differenz und jeden Gegensatz erhabene Unbedingte den Charakter des Absoluten verliert.[13] Er zeigt sich im besonderen in der Argumentationsstrategie der „Philosophischen Briefe", in der die theoretische Unerklärbarkeit des Übergangs vom Unendlichen zum Endlichen zum Grund eines praktischen Strebens des Endlichen zum Unendlichen wird, so daß die geforderte Vermittlung von Absolutem und Bedingtem nur als unendliche Praxis einer fortschreitenden Selbstaufhebung des endlichen Menschen in die Einheit und Freiheit des Absoluten gedacht werden kann. Gerade in diesem Konzept wird die teleologische Funktion des absoluten Ich manifest, die Philosophie und Geschichtsprozeß miteinander verknüpft: Das Absolute ist Grund und Ziel der sich in Praxis vollendenden Theorie, damit aber zugleich Prinzip und Vollendung von Geschichte selbst.

5. Die angedeutete und skizzierte Interpretationshypothese, nach der Schellings sogenannte Transzendentalphilosophie[14] mit ihrem ersten öffentlichen Hervortreten in der Schrift „Über die Möglichkeit einer Form der Philosophie überhaupt" sich als Philosophie des Absoluten mit transzendentalen Begriffen und Argumentationen darstellt, schließt die These ein, daß die das sogenannte Identitätssystem entwerfenden Schriften der Jahre 1801 bis 1806 und einschlußweise die Ansätze einer Naturphilosophie und „spekulativen Physik" der Jahre 1797 ff. keineswegs einen Abfall von seinen

---

[13] Vgl. bes. W. Schulz, *5.9*, XII.

[14] Zur Frühphilosophie im Ganzen vgl. noch bes. Chr. Wild, *4.30*; und H. Holz, *5.3*, die allerdings beide – wenn auch mit Modifikationen – am Charakter der Frühphilosophie als Transzendentalphilosophie festhalten.

anfänglichen Intentionen, vielmehr deren schrittweise Präzisierung und Vollendung bedeuten. Sofern sich nämlich die Bestimmung des Absoluten als Identität bzw. Indifferenz des endlichen Verhältnisses von Subjekt und Objekt durchhält, scheint es in der Konsequenz von Schellings Denkentwicklung zu liegen, daß seine Überlegungen sowohl auf der Seite des objektiven Gehaltes für ein Selbstbewußtsein (Natur) wie auch auf der Ebene schon konstituierter Subjektivität (Geschichte, Geist) zu einer Erscheinungslehre des Absoluten führen, in der die einzelnen Etappen des hervorgetretenen Absoluten als verschiedene Strukturgefüge des Verhältnisses von Subjektivität und Objektivität zu verstehen sind.[15] Zwischen Transzendentalphilosophie und Naturphilosophie bzw. Philosophie der Identität findet kein Bruch statt, weil Schellings Philosophie dem Ansatz nach nie im strengen Sinn Transzendentalphilosophie war. Eine weitere Frage bleibt es freilich, ob die der genannten Philosophie des Unbedingten vorausliegende philosophische Konzeption einer Vernunftgeschichte nicht bereits eben den Intentionen sich verdankt, die im System der Identitätsphilosophie auf den Begriff gebracht sind, obgleich das letztere den ersten Entwurf einer Geschichtsphilosophie nicht mehr zu berücksichtigen scheint. Daß jedoch in der Auseinandersetzung mit Fichte plötzlich eine „Geschichte des Selbstbewußtseins", eine Entwicklung der Natur zur Intelligenz, im Gegensatz zu Fichtes „pragmatischer Geschichte [der Handlungen] des menschlichen Geistes" konzipiert wird,[16] scheint auf einen bereits Schel-

---

[15] Vgl. H. Holz, *5.3*, 82.
[16] Vgl. hierzu jedoch U. Claesges, Geschichte des Selbstbewußtseins. Der Ursprung des spekulativen Problems in Fichtes Wissenschaftslehre von 1794–95, Den Haag 1974, der Fichtes erste Wissenschaftslehre, speziell hinsichtlich einer ihrer beiden Reflexionsreihen, als Geschichte des Selbstbewußtseins interpretiert und damit Schellings Idee aus den „Abhandlungen zur Erläuterung der Wissenschaftslehre" (1796/97) mit Fichtes „pragmatischer Geschichte des menschlichen Geistes" identifiziert. Die sicher fruchtbare und interessante Diskussion, die sich an dieses jüngst erschienene Buch anschließen wird, wird zu klären haben, 1. ob die im Rahmen einer

lings Anfänge bestimmenden Zusammenhang von System und Geschichte hinzudeuten, der bisher nicht genauer untersucht ist, der aber schon – wie gezeigt – den Text der Vorrede zur Schrift „Vom Ich“ und die „Philosophischen Briefe“ prägt und in der eigentümlichen Parallelität von Weltgeschichte und Entwicklung der Wissenschaften sowie in dem beiden Bereichen zugrunde liegenden Prinzip der Einheit bzw. Freiheit zum Ausdruck kommt.

Was aber die Charakteristik der Frühphilosophie Schellings als Transzendentalphilosophie betrifft, muß darum nicht nur einigen seiner Interpreten, sondern auch dem Schelling dieser Zeit selbst widersprochen werden. Die Tatsache, daß er Transzendentalphilosophie im „System des transzendentalen Idealismus“ (1800) der Naturphilosophie nebenordnet, sie schon 1801/02 und dann 1806 in der „Darlegung des wahren Verhältnisses der Naturphilosophie zur verbesserten Fichteschen Lehre“ sogar als Reflexionsphilosophie, d. h. als Philosophie des endlichen menschlichen Bewußtseins und seiner Tatsachen, negiert und abweist, ist auf eigentümliche Weise konsequent; erscheint sie doch je nach der gewählten Perspektive sowohl als Indiz einer richtigen Einschätzung seines Verhältnisses zu Kant und Fichte wie auch als Anzeige einer fundamentalen Selbsttäuschung hinsichtlich des Wesens transzendentaler Theorie und der damit identifizierten frühen philosophischen Intention. In beiden Hinsichten bestätigt sich die vorgelegte Interpretation, indem sie den Zusammenhang eines Denkens auch gegen den Autor selbst zur Geltung bringt. Mag ein philosophischer Autor in einem bestimmten Stadium seiner Entwicklung immerhin frühere philosophische Werke seiner Feder durch rubrizierende Einordnung bewerten, mag er die Geschichte

---

transzendentalen Rekonstruktion verwendeten Begriffe „Resultat“, „Genesis“, „Handlung“, „Reihe des Dargestellten“ u. a. überhaupt geschichtlich bzw. historisch interpretiert werden dürfen, und 2. ob es mit Blick auf Kant und Fichte theoretisch nicht einen Selbstwiderspruch einschließt, „Geschichte des Selbstbewußtseins“ als „eine bestimmte Gestalt der Transzendentalphilosophie“ (4) aufzufassen.

seiner Entwicklung wie immer entsprechend verstehen, der nachgeborene Interpret hat dies in jedem Fall zur Kenntnis zu nehmen; ob er ihm in seiner Selbsteinschätzung folgen kann, unterliegt jedoch anderen Kriterien.

III. Perspektive Natur

Von Harald Holz

Dem Rahmen der hier vereinigten Beiträge entsprechend kann selbstverständlich auch über die Naturphilosophie nur eine notgedrungen vereinfachende, aus der Fülle möglicher Gesichtspunkte auswählende Skizze gegeben werden. Das bedeutet, daß das Charakteristische dieser Naturspekulation nicht im interpretierenden Nachvollzug ihrer gesamten Systematik aufgewiesen werden kann. Zugleich schließt es eine gewisse Subjektivität oder sogar Willkür in der Festsetzung und Auswahl dessen ein, was dann als *exemplarisch*, d. h. als stellvertretend in seinem systematischen Zusammenhang für ein größeres Ganzes, gelten kann. Erst das Endergebnis eines solchen methodischen Wagnisses kann eine gewisse Bestätigung der Richtigkeit des Ansatzes und Problemeinstieges gewähren. Auf der anderen Seite sei hier ausdrücklich festgestellt, daß diese Überlegungen zur Naturphilosophie an eine lange währende und z. T. recht intensive Beschäftigung mit der Philosophie Schellings insgesamt anknüpfen können.[1]

Zunächst erscheint es notwendig, den entwicklungsgeschichtlichen und damit zugleich auch wiederum systemati-

---

[1] So sei hier auf die früheren Arbeiten des Verfs. zu diesem Thema hingewiesen: Vgl. *4.18, 5.3, 5.16;* ergänzend seien noch angeführt: die Rezension zu *4.28* in: Phil. Jb. 79 (1972) 231–233; sowie teilweise die Rez. zu *4.24* in: Archiv f. Gesch. d. Phil. 53 (1971) 208 bis 219; sowie: Das sog. ‚ontologische Argument' und die Philosophie Schellings, in: Akten d. internat. Anselm-Kongresses 1970 (Analecta Anselmiana, Bd. 4) Frankfurt a. M. 1974.

schen Ort der ‚Naturphilosophie' im eigentlichen Sinn innerhalb des Schellingschen Philosophierens, also in der Zeit nach seiner eingehenderen Fichterezeption, ungefähr von 1795/96 bis zur Haupt- bzw. Endphase der sog. Identitätsphilosophie[2], etwa 1805/6, zu skizzieren. Allgemein läßt sich zu dieser Frage feststellen, daß man mit dem Titel ‚Naturphilosophie' zwar einen *systematischen Interessensschwerpunkt* des Schellingschen Philosophierens trifft, und weiter, daß dieser Interessensschwerpunkt auch in der philosophischen Entwicklung seines Trägers in einem bestimmten Zeitabschnitt, wie angedeutet, in den Vordergrund tritt; es wäre jedoch die Annahme falsch, daß damit eine eigene, nicht nur zeitlich, sondern auch sachlich von anderen Abschnitten bis in den Prinzipienboden hinein abgegrenzte Systematik vorläge, die auf einem völligen Neuansatz des Fragens beruhen würde: Naturphilosophie wäre dann nur der Titel für *einen* von den vielen, untereinander nur locker verbundenen Systementwürfen. Schelling erscheint in dieser Auffassung bekanntlich als Proteus; die These selbst läßt sich als neuromantische Interpretation kennzeichnen, für die die Schellingsche Philosophie als Musterbeispiel des „Denkens im Fragment" herhalten muß.[3]

Nach unserer Auffasung bestimmt dieser Interessenschwerpunkt nur einen Pol innerhalb eines umfangreicheren systematischen Ganzen. Dieses kann zeitlich in dem Abschnitt zwischen dem Ende der sog. Frühphilosophie – etwa bis 1795 – und dem Beginn der expliziten Freiheitsphilosophie – etwa seit 1806/08 – angesetzt werden und ist als eine einzige, in sich relativ eng zusammenhängende Sachthematik

[2] Dieser Ausdruck erscheint sachangemessener als der übliche: ‚Identitätssystem', da es in der Zeit nach 1802/03 zwar um ein System bei Schelling geht – dies ist ja immer der Fall, – aber um ein solches, das z. B. schon rein äußerlich sich nur in mehreren, sich ergänzenden Texten niedergeschlagen hat und eigentlich nur eine Gesamtperspektive darstellt, in welche u. a. auch die früheren Themengebiete integriert werden.

[3] Vertreter dieser Auffassung sind bes. W. Metzger, K. Leese, H. Fuhrmans. Kritisches dazu vgl. H. Holz, *4.18*, I. Teil, 1. Kap. § 1.

anzusehen, die jedoch, dem Schellingschen Denktyp gemäß,[4] in einer vergleichsweise methodisch und inhaltsanalytisch pluralen Weise angegangen wird. „Transzendentalphilosophie", „Naturphilosophie" und „Identitätsphilosophie" sind dann jeweils nur *korrelative Aspekte* dieses systematischen Ganzen.[5]

Damit ist eine sehr wichtige Einsicht, wenn auch nur thesenartig, für das Verständnis der Naturphilosophie gewonnen: Sie kann nur richtig gesehen werden, wenn man ihre Verflochtenheit sowohl mit der sog. „Transzendentalphilosophie" als auch mit der sog. „Identitätsphilosophie" berücksichtigt – wobei zeitlich der erste Komplex einen gewissen, relativen Vorrang hat, während das sog. Identitätsdenken zeitlich, wenn auch mit gewissen Einschränkungen, eher eine relative Anschlußphase darstellt. Ein weiterer Gesichtspunkt schließlich ist mit dem streckenweise von Schelling ziemlich breit behandelten Bezug auf den Stand der zeitgenössischen Naturforschung gegeben. – Wesentlich ist endlich, daß dieser ganze Komplex der Naturphilosophie von Schelling im strengen Sinn als Philosophie verstanden wird, und nicht etwa mit moderneren Entwürfen eigentlicher Wissenschaftstheorie verglichen werden kann. Zwar gibt es bei ihm auch Erörterungen, die als eine Art von Metatheorie zur Physik oder zur Chemie interpretiert werden können,[6] doch erschei-

---

[4] Vgl. dazu H. Holz, *5.3*, wo schon auf die eigenartige Pluralität des Schellingschen systematischen Ansatzes hingewiesen wurde.

[5] Man hätte dann folgende thematische und methodologisch sich einigermaßen unterscheidende Phasen bei Schelling: 1. eine Frühphase, 2. Die Ausbildung einer ersten umfassenden idealistischen Systematik, 3. die sog. Freiheits- und Weltalterphilosophie, 4. die Spätphilosophie. – Doch ist hier nicht der Ort, das Schema der Schellingschen philosophischen Entwicklung zu diskutieren.

[6] So etwa, um nur wenige Beispiele herauszugreifen, in den „Ideen zu einer Philosophie der Natur" (von 1797) und den „Zusätzen" der 2. Auflage dazu (von 1802/03): II 257 ff. (Philosophie der Chemie überhaupt), II 272 ff. (Ist Chemie als Wissenschaft möglich), 275 ff. (Anwendung auf einzelne Gegenstände der Chemie), II 316 ff. (Versuch über die ersten Grundsätze der Chemie) u. ä.

nen diese Abschnitte in seiner systematischen Gesamtdisposition eher als abgeleitete Systemstücke.

Schelling befolgt im großen ganzen in der Ausarbeitung seiner Naturphilosophie die deduktive Methode, d. h. von a priori feststehenden und in ihrer Begründungsfunktion einsichtigen Prinzipien ausgehend wird das relevante Systemstück, oder die betreffende systematische Region durch eine Kette geeigneter Schlußfolgerungen schließlich in seiner besonderen Thematik, in seinem Umfang, in seinen Innenbeziehungen abgeleitet und so bestimmt. Ist die in Frage stehende systematische Region eine solche, die wie bei der Philosophie der Natur wesentlich auch Beschaffenheiten a posteriori aufzuweisen hat, so erscheinen diese Aussagen einer auf Erfahrung beruhenden konkreteren Wissenschaftlichkeit doch eher als Versatzstücke, die für die Verifizierung des a priori aufgestellten Gesamtzusammenhanges bzw. zur Artikulation seiner Strukturen im einzelnen geeignet sind. – Daß auch auf der Basis eines derartigen deduktiven Schemas der Gesamtdisposition gleichwohl bei Schelling das naturwissenschaftliche Material im einzelnen in der Anordnung und Verarbeitung, die gerade auf den *Erfahrungsaspekt* Rücksicht nimmt, durchaus systematischen Charakter hat, also eine der einzelnen Wissenschaft immanente Organisation ihres Materials zeigt, hat seinen Grund vornehmlich darin, daß zur Zeit Schellings die Forschung noch auf einem, im Vergleich mit dem heutigen oder auch mit dem der zweiten Hälfte des vorigen Jahrhunderts, einfachen und undifferenzierten Niveau sich bewegte.[7] Etwas überspitzt gesagt war auf Grund der unverhältnismäßig geringeren Wissensmenge über die Naturprozesse um die Wende vom 18. zum 19. Jahrhundert somit der Spekulation auch im Konkreten in einem positiven Sinne ein größerer Spielraum einzuräumen. Allerdings muß auch zugunsten Schellings gesagt werden, daß er sich der weithin hypothetischen Verfahrensweise bewußt war, wenn

[7] Vgl. dazu etwa W. C. Dampier, Geschichte der Naturwissenschaft (dt. Stuttgart 1952); C. F. v. Weizsäcker, Die Geschichte der Natur, Göttingen 1962.

er auf Grund allgemeiner philosophischer Überlegungen spezielle Phänomene der einzelnen Naturwissenschaft zu klären unternahm.

Es sei demnach zunächst kurz auf den allgemeineren philosophischen Rahmen eingegangen, aus welchem sich thematisch die Philosophie der Natur ausdifferenziert. – Die erste Perspektive ist ‚transzendentaltheoretischer' Art und wird besonders die Konstitution der naturphilosophischen Prinzipienbegriffe wie Raum, Zeit, Materie zum Fragegegenstand haben. Insofern Schelling in diesem ganzen Kontext auch an Kant anknüpft, kommt hier vor allem die transzendentale Analytik aus der ‚Kritik der reinen Vernunft' in Betracht. – Eine zweite Perspektive mehr ‚identitätstheoretischer' Art versucht demgegenüber die Widerspiegelung oder den „Reflex", wie Schelling sich nicht selten ausdrückt, übergeordneter absoluter – gewissermaßen transzendental-metaphysischer – Prinzipienbegriffe in der spezifischen Endlichkeit des materiellen Universums seinen Strukturen gemäß aufzuzeigen. Spielen dort so allgemeine Prinzipieninbegriffe wie ‚Unendlichkeit', absolute ‚Selbstaffirmation', Verhältnis von ‚Identität' und ‚Differenz' u. a. eine Rolle, so hier im besonderen dann deren systematisch abgeleitete Funktionsweise in Gestalt von Begriffen wie ‚Kausalität', ‚Teleologie', ‚Leben' und ähnliche Formprinzipien. In gewisser Weise nimmt Schelling hier gelegentlich Bezug auf Kants ‚Metaphysische Anfangsgründe der Naturwissenschaft'.[8] – Es ist

[8] Es ist vielleicht nicht unwichtig, darauf hinzuweisen, daß dieser nicht immer in den Vordergrund tretende, aber doch sich einigermaßen stetig dokumentierende und sich durchhaltende Einfluß Kants – wobei natürlich noch als Einzelwerk die ‚Kritik der Urteilskraft' zu nennen wäre – gerade in die Jahre fällt, in denen nach der älteren Philosophiegeschichtsschreibung (sog. Junghegelianer, z. B. Michelet, später R. Kroner, aber auch Fuhrmans u. a.) Schelling im wesentlichen vollauf mit seiner ‚Fichterezeption' beschäftigt gewesen sein soll. Gerade diejenige Ausformung dieser Rezeption, die sich als Naturphilosophie uns darbietet, zeugt jedoch von einer schon im Ansatz von Fichte unabhängigen Richtung des systematischen Interesses, für die eben u. a. dann Kant den besseren Anknüpfungspunkt abgab.

allerdings höchst charakteristisch, daß und wie diese beiden Hauptperspektiven nun systematisch miteinander verbunden sind und so ein eigentümliches, originäres Ganzes daraus konstruiert wird.[9]

Was nun den erstgenannten Blickwinkel angeht, so steht Schelling zunächst auf dem Boden der Kantischen transzendentalen Analytik und ihrer Aussagen über die Konstitution der Erscheinungswelt durch apriorische Prinzipien (der Anschauung) von Raum und Zeit. Sein systematisches Ziel reicht allerdings viel weiter, als dies bei Kant der Fall war. Es geht ihm nicht bloß darum, reine Naturwissenschaft (und etwa noch die Mathematik) aus den Bedingungen ihrer Möglichkeit zu erklären, sondern die *„Idee einer Natur"* überhaupt zu entwickeln als das Moment *eines besonderen* sachlich bedingten *Durchblicks* durch die Gesamtsystematik seiner Philosophie – welche zugleich damit natürlich noch andere solche Durchblicke in sich schließt.[10] Diese Idee einer Natur ist im strengen Sinne *Idee,* d. h. hat systematisch den gleichen Rang, wie ihn in der Kritik der reinen Vernunft die Ideen von Gott, Freiheit, Unsterblichkeit innehatten. Diese Natur umfaßt denn auch inhaltlich sehr viel mehr an Bestimmungen: So ist in ihrem Gehalt sowohl der Begriff einer reinen, im Sinne der Naturwissenschaft unbelebten Materie und derjenige des Lebens wie auch derjenige eines proportionalen Prinzips, einer allgemeinen „Seele", einbeschlossen.[11] Philosophische Reflexionen über diese Idee gehen dann, ver-

---

[9] Vgl. dazu noch H. Holz, *S.16.*

[10] Vgl. II 214 ff.

[11] So vgl. innerhalb der streng naturphilosophischen Schriften z. B. II 147 u. ö.; ferner allgemein: Von der Weltseele, eine Hypothese der höheren Physik (II 350–378) u. ö. – Der Begriff der „Seele" kann hier nicht ausführlich erörtert werden; nur soviel sei angedeutet, daß er so gut wie nichts mit dem Begriff der ‚schönen Seele' des Zeitalters der Empfindsamkeit oder auch dem der Romantik, aber sehr viel mit platonisch-neuplatonischen kosmologischen Spekulationen zu tun hat. Schelling selbst verweist in den späteren Zusätzen zu den „Ideen zu einer Philosophie der Natur" auf Platons Timaios (II 180) und auf seinen eigenen Dialog „Bruno" von 1802 (II 190). Zu dieser Thematik vgl. noch W. Beierwaltes, Abso-

gleicht man sie einmal mit verwandten thematischen Entwürfen beispielsweise des Neukantianismus, über den Bereich der „Transzendentalphilosophie“ im engeren Sinn hinaus, da sie „die Natur (nicht zwar insofern sie Produkt, aber insofern sie produktiv und Produkt ist) als das Selbständige“ setzen; m. a. W. wird das Ergebnis auch als „Spinozismus der Physik“[12] bezeichnet werden können. Die „Transzendentalphilosophie“ im engeren Sinn setzt sich – unter Berücksichtigung des neuen, durch Kant gefundenen Aufgabenbereichs der Philosophie überhaupt – zum Ziel, das Objektive aus der Subjektivität oder z. B. die „Natur aus der Intelligenz“ erstehen zu lassen.[13] – Würde man, dies unsere Meinung, auf dieser Grundlage versucht haben, eine allgemeine Philosophie der Natur (und ihrer besonderen Wissenschaften) zu entwerfern, so wäre man schon zu Lebzeiten Kants bei einer dem Neukantianismus recht verwandten Fragestellung angelangt, jedenfalls was den philosophischen Typ von Theorie betrifft. Schelling faßt diese Möglichkeit nicht ins Auge, und zwar aus allgemeinen Gründen der Disposition seiner Systematik. Im System einer Philosophie, welche sich dem Verhältnis von Subjekt und Objekt insgesamt oder dem Bereich zuwendet, der bestimmt ist durch das Verhältnis von reflexionsfähigem Bewußtsein überhaupt und dem proportionalen Gegenständlichkeitsbereich (überhaupt), läßt sich somit das systematisch Erste entsprechend auf eine doppelte Weise konzipieren: einmal als Prinzip dieses ganzen Verhältnisses, insofern dadurch eben dies Ganze (als Ganzes) vom Pol der Gegenstandsseite aus begründet und entwickelt wird, und zum anderen, insofern das gleiche von der Seite des Bewußtseinspols aus unternommen wird.[14] Kurz formuliert würde sich das erste Mal die gesamte Natur (mitsamt dem

lute Identität. Neuplatonische Implikationen in Schellings „Bruno“, in: Phil. Jb. 80 (1973) 242–266.

[12] Vgl. etwa die „Einleitung zu dem Entwurf eines Systems der Naturphilosophie [. . .]“ (1799) § 2, III 273; ferner im „System des transzendentalen Idealismus“ (1800): III 341 f.

[13] Vgl. „Einleitung“ § 1, III 272 und III 342 f., 343 ff.

[14] Vgl. III 272 f. (§ 1) und III 342 f.

Menschen) „in eine Intelligenz auflösen" (III 341), das andere Mal die gesamte Natur aus der Intelligenz erklären; noch anders gesagt, wird im einen Fall Idealität auf Realität, im anderen Fall Realität auf Idealität zurückgeführt, aber beides innerhalb ein und desselben methodischen Grundansatzes.

Man sieht leicht ein, daß Schelling hier verschiedene systematische, wenn auch terminologisch nicht immer eindeutig unterschiedene Begriffe von ‚transzendental' und von ‚Philosophie', von ‚Realität' und von ‚Intelligenz' verwendet, je nachdem der Akzent auf der objekts- oder subjektstheoretischen Seite liegt. Die Einheit dieser beiden Gesichtspunkte als dynamische Identität ist die systematische Kernzone der Philosophie.[15] Es ist nicht schwierig, als entwicklungshistorischen Bezugspunkt für das Schellingsche Denken hier die Fichtesche Differenz der beiden Ich-Nichtich-Verhältnisse auszumachen, wodurch ja bei Fichte die theoretische und die praktische Philosophie ursprünglich konstituiert werden.[16] Wichtig ist dabei, daß Schelling, in Fichtescher Sprache, die spezifischen Eigen- oder Binnenverhältnisse von theoretischem Belang, noch vor den Interessen praktischer Philosophie, in positiver Gestalt thematisiert hat. Dies aber wiederum war ihm nur deshalb möglich, weil seine systematische Gesamtkonzeption sich von derjenigen Fichtes wesentlich unterschied.[17]

Daß es sich bei Schellings Naturphilosophie trotz des ihr von ihm beigegebenen Namens eines „Spinozismus der Physik" um keinen unkritischen Rückfall vor die Kantische Fragestellung handelt, erhellt aus der Methode, die in ihr vor

---

[15] Vgl. III 272 (§ 1).

[16] Vgl. z. B. in der „Wissenschaftslehre" von 1794, § 4, Abschn. A (WW, hg. v. I. H. Fichte, Berlin 1834 ff.; I 125 = Fichte-Akademie-Ausgabe, hg. v. R. Lauth und H. Jacob, Bd. I, 2, 285) und § 5 (WW I 246 = Fichte-Ak.-Ausg. I, 2; 385).

[17] Darauf wird noch etwas später weiter einzugehen sein. Vgl. im übrigen zur Frage der Entwicklung der eigenen Systematik bei Schelling noch W. Schulz, *5.37* u. W. Beierwaltes, op. cit. (Anm. 11).

allem angewendet wird.[18] Wenden wir uns der Frage nach der Konstitution eines Grundbegriffes der Naturphilosophie, nämlich der *Materie,* zu, so kann ihre philosophische Erhellung nur durch die Analyse ihrer Funktion als ermöglichende Bedingung für die menschliche Erkenntnis gelingen.[19] Materie wird definiert als der systematische Ort des Wechselspiels zusammenwirkender ursprünglicher *Kräfte,* insbesondere von solchen der Anziehung und Zurückstoßung: Als Bedingungen der Möglichkeit von Materie überhaupt *sind* diese Kräfte die Materie selbst in ihrer Selbstartikulation.[20] Als an sich real, d. h. als nicht nur empirisch vorgestellt, erweist sie sich uns durch ihre Anschaubarkeit; deren Charakteristikum ist die Nötigung unserer Erkenntnis.[21] Aus der wechselseitigen Konstitution einer anschaubaren Gegenstandsphäre und zugleich damit eines sich zwar als ursprünglich frei, aber doch auch verbunden damit als affizierbar (nötigungsfähig) erweisenden Ichs[22] ergibt sich weiter eine Deduktion von Wirkensintentionen, und damit von Kräften überhaupt, deren Ermöglichungsboden dann eben nicht ursprünglich innerhalb der Subjektivität gelegen ist, sondern in deren Gegenüber[23]; diese Subjektivität zeigt sich eher nur als nachgeordnetes Prinzip, insofern sie (auch) sich als rezeptive selbst bestimmt.[24] Aus der strukturellen Beschaffenheit des operativen Konstitutionsverhältnisses von Subjektivität und Objektivität auf der Ebene der Anschauung wird dann weiter ge-

---

[18] Zum Sprachgebrauch ‚Physik' in diesem Kontext vgl. v. Verf. *5.16:* Wohl in erster Linie hat Schelling eine „spekulative Physik" vor Augen, für die ihm die Naturphilosophie (oder: Physik) der antiken Philosophen philosophiegeschichtliches Vorbild gewesen sein dürfte. Vgl. auch II 163 u. ö.

[19] Es handelt sich um eine „transzendentale Erörterung des Begriffs von einer Materie überhaupt": II 214.

[20] Vgl, z. B. II 192, 195, 219 ff., und noch 190, 228 ff.

[21] Vgl. II 217.

[22] Vgl. II 217 f.; ferner noch 127, 172 u. ö.

[23] Vgl. II 218 ff.

[24] Vgl. II 220; wichtig ist, daß auch diese Rezeptivität oder Passivität immer nur innerhalb der Subjektivität als polarer Faktor auftritt, niemals aber als für sich schlechthin.

schlossen auf die proportionale Beschaffenheit des Produkts dieser ‚Tätigkeit', d. h. auf Materie als auf ein komplexes Ganzes, das seinem prinzipialen Konstitutionsgefüge nach sowohl Anschauliches, die konkrete Erkenntnis Nötigendes – als Phänomenpol – als auch Unanschauliches, ein nur denkend zu erschließendes Prinzipiengeflecht, in sich einbegreift.[25] Als typisch kann hier der deduktive Charakter der Innenstruktur von Materialität gelten; er begegnet uns bei Schelling auf Schritt und Tritt.[26]

Auf dieser Basis baut sich dann ein Reflexionsgefüge auf, das freilich die Kantischen Intentionen ‚metaphysischer Anfangsgründe der Naturwissenschaft' weit hinter sich läßt. Entsprechend der Schellingschen Grundintention, Philosophie für seine Person als *Einheitssystem* von *bestimmt Verschiedenem* zu entwerfen, kann ergänzend zum soeben behandelten Blickwinkel die Philosophie der Natur auch aus der Sicht dieses systematischen Bemühens um Einheit betrieben werden. Ausgangspunkt ist dann naturgemäß das Einheitsprinzip, welches die Philosophie insgesamt zu reflektieren hat, als solches, jedoch in einer charakteristischen Brechung: Unter welcher näheren Rücksicht auch jenes Prinzip absoluter Einheit betrachtet werden mag[27], die sachlich zugleich von dieser absoluten Einheit ausgehenden Deduktionslinien werden unter dem besonderen Aspekt von Naturphilosophie in jedem Fall einen gewissen *Primat des Endlichen* bedeuten. Zur Methode ist einschubweise festzustellen, daß ähnlich wie zuvor Schelling dem sog. „synthetischen" Verfahren den Vorzug gab[28], hier – nur mit größerer, vom systematischen Gesamtentwurf nahegelegter Stringenz – dem sog. „genetischen" Vorgehen der Vorzug gegeben wird: Wenn

---

[25] Vgl. II 219–223, bes. 220–223.

[26] Zur Methode vgl. die allerdings sehr kurzen Hinweise II 214 f.

[27] So mag es betrachtet werden als absolute Identität, absolutes Erkennen, absolute Affirmation, absolute Idealität; aber dies immer auch im Zusammenhang mit dem absolut vereinigten Erkannten, Affirmierten, Realen (z. B. als Wille) seiner selbst. Vgl. dazu bes. den schon genannten Dialog „Bruno".

[28] Vgl. oben Anm. 26.

auch zunächst in Anknüpfung an Leibniz, so vertritt doch Schelling selbst den Standpunkt, daß man als Ausgangspunkt der Totalität des Systems nur einen absoluten Selbstgrund von Sein und Wissen, und zwar als eine in sich gegründete Einheit, annehmen dürfe. Entsprechend dem prinzipientheoretischen Ansatz der Frage nach dem letzten Einheitsgrund von Sein und Wissen, wird das System unserer Vorstellung nicht in seinem Sein, sondern in seinem *Werden* betrachtet. Aber eben dies nunmehr mit dem Schwergewicht nicht auf der subjekttheoretischen, sondern auf der sog. objekt- oder naturtheoretischen Seite.[29]

Das *Absolute*, von dem hier ausgegangen wird, ist jedoch niemals eine gleichsam tautologische Erscheinung seiner selbst, sondern stets und notwendig ein selbstkonstitutives *Verhältnis*. In diesem mehrfachen oder ineinander gestuften Verhältnischarakter aber ist dann nicht nur von vorherein der prinzipiale Ermöglichungsboden von allem begründet, was sich zu eben diesem Absoluten different verhält, sondern auch der Ermöglichungsboden des Naturseins und des Naturprozesses insbesondere.[30] Dieses Verhältnis findet statt zwischen den beiden Polen des Unendlichen und des Endlichen: als deren wechselseitiges Sich-Bedingen oder -Strukturieren. Auf diese Weise vermag das Unendliche als Funktion von Endlichem, und Endliches als Funktion von Unendlichem dargestellt zu werden. Beides aber ist wiederum darstellbar als Verhältnis eines Allgemeinen zum Besonderen[31], unter anderer Rücksicht auch als Verhältnis eines Ideellen zum Reellen: So kann das Unendliche als Funktion des Endlichen wiederum als allgemeines oder als besonderes Verhältnis, oder aber auch: als ideelles oder als reelles Verhältnis gedacht werden; und umgekehrt gilt dies natürlich auch für das Endliche als Funktion des Unendlichen.[32] Schließlich ist

[29] Vgl. II 39. Zur sekundären Rolle der hier von uns so bezeichneten ‚subjekttheoretischen' Seite vgl. auch noch u. a. II 61.

[30] Vgl. z. B. II 62 f., 64 ff.; III 11–20.

[31] Vgl. II 64 f.

[32] Diese allgemeine Auseinanderlegung des spekulativen Grundgefüges findet sich in mehreren Entwürfen des von uns anfangs ge-

auch eine Kombination zweier Verhältnisse durch das jeweils dritte in ihrer speziellen Charakteristik denkbar.[33] Innerhalb dieses allgemeinen Rahmens, der als tragenden Prinzipiengrund im übrigen eine allgemeine transzendentale Relationstheorie impliziert, die bei Schelling nur in Ansätzen vorliegt[34], nimmt nun die *Natur* im eigentlichen und strengen Sinn denjenigen speziellen komplexen Inbegriff ein, gemäß dem das Unendliche in einem Verhältnis sich artikuliert hat, das am meisten den relativen Primat des reellen, endlichen, besonderen Pols (innerhalb jenes konstitutiven Verhältnisses!) besagt. So ist, anders gesagt, die Natur samt allen ihren Teilen eine Form des ‚Außer-sich-Seins' des Absoluten, in der die korrelative Kompensation eines Verhältnispols durch die übrigen Polaritäten (samt ihren entsprechenden Prinzipien) am wenigsten direkt, unmittelbar gelingt; das bedeutet dann für die Ebene der konkreten Empirie, daß eine solche Ausgleichung z. B. nur durch einen umfassenden, sich ins Unendliche erstreckenden Prozeß – auf der Ebene grundsätzlicher Endlichkeit also nur durch unbegrenztes zeitliches Fortschreiten – gelingen kann.[35]

Der allgemeine Aufbau der Natur wird sodann in einer sich immer weiter ins einzelne differenzierenden Analogisation als Ausformung des ursprünglichen, die Natur als solche definierenden Verhältnisses in kategoriale Differenzen und so als Projekton jenes bestimmten absoluten Verhältnisses auf die Ebene der Empirie begriffen; wobei eben diese Ebene selbst als einer der ersten Schritte dieser ganzen Projektion

---

nannten Zeitraums, mit nicht sehr wesentlichen Abweichungen: So außer im schon erwähnten Dialog „Bruno“ noch in „Darstellung meines Systems der Philosophie“ (1801), sowie im „System der gesamten Philosophie und der Naturphilosophie insbesondere“ (Würzburger Vorlesungen 1804), was wohl der umfangreichste kompakte Text Schellings zu dieser Thematik sein dürfte.

[33] Vgl. dazu, zwar im Kontext der Massenanziehung, den Bezug auf die Timaiosstelle (II 180; bei Platon: Tim 32 a); im übrigen II 64–67, 69 f., 146, 174, 177, 186 f., 187–190 (dort mit dem wichtigen Hinweis auf den Dialog „Bruno“).

[34] Vgl. dazu etwa H. Holz, *4.18*, die beiden Exkurse A und B.

[35] Vgl. II 183 ff., 187; ferner III 14–16 u. ö.

entworfen wird.[36] – Dies ist die Stärke, aber auch die Schwäche dieser Systematik: daß nämlich im Zuge einer *deduktiven Kategorienlehre* die genauere Befundstruktur der Phänomene getroffen werden soll. Freilich kommt diesen auch wiederum – sofern überhaupt erst einmal allgemein Empirie als solche in ihrem Eigenrang deduziert ist – eine Kontrollfunktion zu.[37] Es wird somit gewissermaßen auf einem funktional doppelten Wege der Bereich der Phänomene erhellt: Zum *einen* wird ein umfassendes Kategoriensystem entworfen, als dessen begriffliche Glieder beispielsweise Anziehung und Abstoßung, Ruhe und Bewegung, Licht und Wärme, Schwere und Trägheit, Elastizität und Dichte genannt werden können; jeweils aus der geeigneten Kombination dieser Begriffe ergeben sich für Schelling Strukturen phänomenaler Naturbeschaffenheiten.[38] Die Phänomenbereiche, welche auf diese Weise a priori konstituiert werden, sind dann vor allem von der Sicht der Naturwissenschaften aus etwa die Optik (Lehre vom Licht), Mechanik und Gravitationstheorie, ferner der „Chemismus", der Magnetismus, die Elektrizität, als Bestandteile einer allgemeinen dynamischen Physik.[39] – Nur angemerkt sei, daß sich darüber die

[36] Vgl. II 187: Der „Schritt vom Notwendigen zum Zufälligen" ist gleichbedeutend mit demjenigen zur Erfahrung selbst: vgl. II 293.

[37] Vgl. III 278 ff., 282 ff.; ferner II 99 f. (124), 258 f. 299; vgl. auch Anm. 18.

[38] Weiterhin müßte man hier noch die Deduktion der Dreidimensionalität des materiellen Seins anführen, die bei Schelling auch aus gewissermaßen naturmetaphysischen Gründen a priori geschieht: vgl. z. B. II 225 ff., 229 ff.: Schelling geht hier vor vermittels einer Analyse des Begriffs der Raum*erfüllung*.

[39] Schelling spricht in diesem ganzen Zusammenhang mit dem Blick auf Kant von dem „Schematismus", gemäß dem die naturphilosophische Reflexion vorgehe: II 268. Aufgabe der Naturphilosophie ist somit unter dieser Rücksicht, die von Kant im Schematismuskapitel keineswegs bis zu Ende gebrachte transzendentale Metatheorie (in heutiger Ausdrucksweise) der Naturwissenschaften, und d. h. gerade ihrer Fragebereiche, zu Ende zu führen. Darin trifft sie sich dann weiterhin mit dem Anliegen, das Kant in den schon erwähnten „Metaphysische[n] Anfangsgründe[n] der Naturwissenschaft" verfolgte; vgl. z. B. II 231, 244 f., 263, 323 die Anm. zur Kritik an Kant, vgl. u. a. 241.

allgemeine Lehre vom Organismus, und darüber eine naturphilosophisch grundgelegte Anthropologie aufbauen.[40] – Zum *anderen* aber erweist sich die transzendental eruierte Realität der Erfahrung hinsichtlich derartiger struktureller Schemata als unabhängige Kontrollinstanz: die durch den transzendentalen Idealismus systematisch begründete empirische Realität erweist sich in einem weiteren Schritt wiederum als Verifikations- bzw. Falsifikationsinstanz gegenüber der spezielleren, und teilweise hypothetischen Apriorität naturtheoretischer Fragestellungen. – Damit muß dieser darstellende Teil abgebrochen werden.

In einer überschauenden Bewertung zeigt sich die Stärke und der Vorzug dieser naturphilosophischen Konzeption wohl vor allem in der konsequenten Fortführung Kantischer Ansätze. So wird von einem prinzipientheoretischen Standpunkt aus beispielsweise der Atomismus als ernstzunehmende Natur*philosophie* ad absurdum geführt.[41] Was weiter auch von einem modernen Standpunkt aus einnehmen kann, ist vermutlich die Konzeption von Materialität als eines durch apriorische Strukturen bestimmten Wechselspiels von Kräften, und dies als Definition ihres Wesens, ihrer Substanzialität. – Der Nachteil liegt, gerade bei dem zuletzt genannten Beispiel, in der Ausklammerung der Mathematik.[42] Allgemein wird man den großen Nachteil und die fundamentale *Schwäche* dieses Entwurfs vornehmlich auf methodologischer Ebene suchen mussen. Hier fordert das Verfahren *deduktiver Analogisation* zur Kritik heraus. Dabei ist noch die geringere Schwierigkeit die, daß in der Verlängerung und immer spezielleren Verästelung ganzer Ketten analektischer

[40] Dieses Aufbauschema zieht sich als Leitschema von Anfang bis zum Ende der gesamten naturphilosophischen Spekulation; so vgl. z. B. noch die Darstellungen von 1842/43: Darstellung des Naturprozesses, Bruchstück einer Vorlesung über die Prinzipien der Philosophie (X 341–429) und das sog. „anthropologische Schema" von 1840 (X 287–294).

[41] So vgl. etwa II 200 ff., bes. 212 f. u. ö.

[42] Diese wird von Schelling in eine, für ihn bedenkliche, Nähe zur Atomistik bzw. Mechanistik gerückt; vgl. z. B. II 262 f.

Verhältnisse[43] schließlich die Befunde des Phänomenbereichs nur mit Hilfe recht abstrakter Begriffspolaritäten eingegrenzt und bestimmt werden, die schwerfällig und zu unbestimmt zugleich erscheinen. Die viel größere Bedenklichkeit ergibt sich im Blick auf die Tatsache, daß die tragenden, elementaren begrifflichen Einheiten an der Kernstruktur oder dem Modell des *Form*begriffs, *formaler Gehalte* überhaupt, ihr inneres Prinzip haben. So sind die ursprünglichen Verhältnisse des (und im) Absoluten als formale Beziehungen gedacht, die aber dann – auch und gerade in ihrem besagten Wechselbezugs-System – die erforderlichen und zureichenden Konstituenten eben auch des empirischen Befundes, und zwar gerade als Prozeß, abgeben sollen. – So interessant daher vom spekulativen Gesichtspunkt aus die Analyse der verschiedenen Verhältnisbeziehungen des Absoluten sowohl in sich als auch zum Bereich des Nicht-Absoluten, Endlichen, Kontingenten, und hier wiederum des Naturhaften im Ganzen sein mögen, so unergiebig erscheint uns heute diese Methode, wenn und sofern sie auf das je einzelne Phänomen des Naturprozesses und seine spezifische Gesetzesmäßigkeit angewendet wird. Kann man sonach jene allgemeinere Spekulation eine auch heute durchaus interessante Dialektik nennen, die ihren systematischen Horizont in einer, freilich bei Schelling keineswegs durchreflektierten allgemeinen philosophischen Relationstheorie hätte, so muß demgegenüber der Versuch, von einer solchen Grundlage aus die *philosophische Metatheorie* zur speziellen Naturwissenschaft zu geben, gerade wegen der Übertragung einer Methodik, die im transphänomenalen Bereich legitim sein kann, auf eben diese Phänomenebene als gescheitert angesehen werden. Der Abstand zwischen einer solchen deduktiven Dialektik, die *zugleich* in der Konstruktion ihrer Glieder mit Analogismen arbeitet, und dem Naturprozeß auf Phänomenebene, sofern er in sei-

---

[43] So denke man etwa an die Triadik der Vereinigung zweier Gegensätze, z. B. betr. der drei Dimensionen (vgl. oben Anm. 38), oder überhaupt das ganze 5. Kapitel ebd. im II. Buch. – Zum Ausdruck ‚Analektik' vgl. H. Holz, Einführung in die Transzendentalphilosophie, Darmstadt 1973, 20 ff.

nen spezifischen Gründen (als gesetzmäßig) eingesehen werden soll, kann durch eine Übertragung eben dieser mit Analogismen arbeitenden Methode nur als *scheinbar* überwunden gelten; so etwa, wenn z. B. zwei Extreme durch ein Drittes zur konstitutiven Einheit einer das Phänomen ermöglichenden differenzierten In-Differenz oder auch Einheit von Differenz und In-Differenz (als Einheit) gebracht werden.[44]

Der schwerwiegende Mangel dieser Naturphilosophie kann somit für uns Heutige als das völlige Vernachlässigen des atomistischen Modells für die philosophische Reflexion angesehen werden; genauer: als die Vernachlässigung der folgenreichen Transformierung dieses Modells in den modernen metatheoretischen Mathematizismus, der die heutige Naturtheorie kennzeichnet. Von einer Reflexion freilich, welche die formalen Qualitäten im Sinne einer analektisch verfahrenden philosophischen Relationstheorie als Grundelemente ihrer Systematik ansetzt, konnte man für den Fortgang einer Naturtheorie, die bewußt auf Teleologie – die ja eine formal bedingte Größe ist und daher bei Schelling eine entscheidenden Rolle spielt – verzichtete, nichts erhoffen. – Es mag freilich sein, daß z. B. besonders für eine Theorie des Lebendigen der Schellingsche Entwurf doch im Ganzen nicht so obsolet geworden ist, wie es heute scheint.

Dies impliziert allerdings das Problem, inwieweit sich die spezifische Begrifflichkeit von Schellings Naturspekulation aus ihrer speziell-naturwissenschaftlichen metatheoretischen Verfremdung herauslösen und gewissermaßen rückübersetzen läßt in einem Zusammenhang allgemeinerer systematischer Spekulation. Voraussetzung dafür ist wiederum, daß man davon abgeht, das Werk eines derartigen Denkers – freilich gemäß seinem eigenen Anspruch – als so aus einem systematischen Guß entworfen anzusehen, daß man z. B. mit der Widerlegung, wie hier, der speziellen Naturphilosophie glaubt, auch die entsprechenden Grundlagen der allgemeineren Systematik aus den Angeln gehoben zu haben. Und andererseits ist auch mit der relativen Konsistenz eines syste-

[44] Die Zahl der Beispiele dafür ist Legion.

matischen Kernbereichs innerhalb einer bestimmten Philosophie noch nichts über die weiterreichenden Konsequenzen im Felde der sog. angewandten Philosophie ausgesagt, z. B. was Rechts-, Staats-, Geschichts-, und eben auch Naturphilosophie betrifft. Aber dies gilt nicht allein nur für Schelling, sondern für seinen für systematisch viel geschlossener angesehenen Zeitgenossen Hegel ebenso wie für Kant, für Leibniz, Aristoteles und viele andere. In dieser philosophiegeschichtlichen Relativität jedoch das Moment des Absoluten an Gehalten aufzufinden und beides in das historisch und sachlich exakte Verhältnis zu setzen, ist eine wesentliche Aufgabe jeder Interpretation.

IV. Das Identitätssystem

Von Hermann Zeltner

1. Das Identitätssystem stellt in den Augen Schellings nicht nur einen Höhepunkt in der Entwicklung seines eigenen Denkens dar, er meint mit der Konzeption der Identitätsphilosophie das philosophische Denken allgemein auf eine neue Stufe gehoben zu haben: Erst *jetzt*, in dem Augenblick, da er dieses System konzipiert, gibt es wirklich eine systematische Philosophie, d. h. eine Philosophie, in der alle einzelnen Einsichten aus einem einzigen Prinzip entfaltet und durch dieses Prinzip zusammengehalten sind.

Stellen wir die Frage zunächst einmal zurück, ob ihm dieses Vorhaben wirklich gelungen ist, so können wir Schelling wohl einräumen, daß er diesen Anspruch zu Recht erhoben hat: als erster hatte er einige Jahre zuvor eine systematische Naturphilosophie entwickelt, und in seinem „System des transzendentalen Idealismus" (1800) war auch die Philosophie des Geistes im weitesten Sinne auf entsprechende Weise erstmals dargestellt, waren mit den Prinzipien eines unter Fichtes Anregung entwickelten Idealismus in einer alle Erscheinungen des Geistes erfassenden „Geschichte des Selbstbewußtseins" die Stufen des individuellen und kulturellen Lebens als notwendige Abfolge begriffen. Im Vergleich damit war Fichtes Philosophie insgesamt noch Fragment geblieben, Schelling hatte ihn in der Weite seiner Problemstellung überholt, er hatte, zusammengefaßt unter den Stichwörtern „Natur" und „Geist", die ganze Breite der Wirklichkeit in seine Philosophie eingeholt. Noch aber standen die beiden Seinsbereiche der Natur und des geistig-geschichtlichen Lebens unvermittelt nebeneinander; der Begriff des

Geistes, den Schelling dafür zu Hilfe genommen hatte, indem er die Natur als werdenden, aber seiner selbst noch nicht bewußt gewordenen Geist apostrophierte, war nicht imstande, jene systematische Vermittlung zu leisten. Nunmehr, mit dem Identitätssystem, tut Schelling den entscheidenden Schritt, um die ganze Fülle seiner bisher gewonnenen Einsichten in einem auf einheitlichen Prinzipien beruhenden Gedankenaufbau im Zusammenhang darzustellen und damit ein philosophisches System zu schaffen, das dem hohen Anspruch, den die idealistische Philosophie mit diesem Begriff verband, gerecht wurde. Aus dem Selbstbewußtsein heraus, das ihn deshalb erfüllt, wählt Schelling für die erste Fassung der Identitätsphilosophie im Jahre 1801 den Titel „Darstellung meines Systems der Philosophie".

Diese sowie die daran anknüpfenden „Ferneren Darstellungen aus dem System der Philosophie" (1803) sind die Grundschriften der Identitätsphilosophie; dazu kommen weiter der Dialog „Bruno" und die „Vorlesungen über die Methode des akademischen Studiums", beide 1802. Zusätzliche Aufschlüsse enthalten Schellings Beiträge zu den „Jahrbüchern der Medizin als Wissenschaft" (1806), besonders die beiden Aphorismensammlungen. Über die Schrift „Philosophie und Religion" (1804) wird gesondert zu sprechen sein.

2. Das Geburtsdatum der Identitätsphilosophie hat Schelling selbst zeitlich einigermaßen genau fixiert in einem Brief an Karl August Eschenmayer, einen übrigens nicht unkritischen Verehrer seiner Philosophie, vom 30. 7. 1805. Hier datiert er auf das Jahr 1801 den Augenblick, „daß mir das Licht in der Philosophie aufgegangen ist" (Plitt II 60). Er beschreibt also die Gewinnung des neuen Ansatzes als eine Eingebung, eine Intuition.

Was ist das entscheidend Neue an dieser Konzeption? In der literarischen Form erinnert die „Darstellung" von 1801 bewußt an Spinozas „Ethik" – ein Werk, das Schelling schon in seiner Studienzeit beschäftigt hat. Spinoza unternimmt es hier, seine durchaus eigenständige Metaphysik *more geometrico* zu demonstrieren, d. h. sie in einer systematischen Folge von Definitionen, Axiomen, Lehrsätzen und Beweisen nach dem Vorbild Euklids darzustellen. An diese Darstellungsweise schließt Schelling sich an, er gibt damit schon in der Form seine Übereinstimmung mit Spinoza zu erkennen. In der Tat verbindet die beiden Denker eine tief geistige Verwandtschaft. Das zeigt sich nirgends stärker als beim Identitätssystem, und hier schon in den methodischen Voraussetzungen. Philosophische Erkenntnis ist für Spinoza gemäß der Natur der Vernunft auf das notwendige Wesen der Dinge gerichtet, sie betrachtet alle Dinge *sub specie quadam aeternitatis;* von besonderer Bedeutung ist dabei die philosophische Intuition, welche die ewigen Eigenschaften der Dinge als unmittelbar in Gottes Wesen gegründet erfaßt. Ganz entsprechend argumentiert Schelling unter Berufung auf die intellektuelle Anschauung, welche die Dinge im Zusammenhang mit dem Absoluten sieht und so ihr Wesen erfaßt.

Darüber darf aber nicht übersehen werden, was Schelling von Spinoza unterscheidet. Schelling selbst hat es bereits als Zwanzigjähriger in einem Brief an Hegel vom 4. 2. 1795 klar ausgesprochen: „Spinoza war die Welt (Das Objekt, schlechthin im Gegensatz gegen das Subjekt) – Alles, mir ist es das Ich.“ In diesem Sinne war Spinoza, wie schon vorher für Fichte, auch für Schelling der große Widersacher. Inzwischen war es Schelling allerdings aufgegangen, daß Fichte und auch er selbst, soweit sein Denken sich bisher in Fichtes Bahnen bewegt hatte, der Maxime jenes Briefes noch gar nicht konsequent gefolgt waren, und so versucht er nunmehr, im Sinne jener Devise absolut zu denken und seinem Denken „das Absolute“ – was immer das sei – zugrunde zu legen.

Dabei machte er eine bemerkenswerte Entdeckung. Sie wird mit voller Klarheit ausgesprochen erst in einer um Jahrzehnte späteren Beschreibung seines Vorgehens: „Wurde nun das Ich als absolutes Prinzip gemeinschaftlicher Mittelpunkt der äußern wie der innern, bis zu Gott fortgehenden Welt, so war damit auch der Grund aufgehoben, jenes absolute Prinzip noch Ich zu nennen“ (XI 371). Schelling erkannte also: Die Rede vom absoluten Ich, bei Fichte und ursprünglich auch für Schelling Ausdruck des idealistischen Reflexionsprinzips und zugleich Statthalter der Subjektivität, konnte nicht mehr als angemessener Ausdruck der philosophischen Wahrheit gelten, sobald das Ich im Ernst als Absolutes in Ansatz gebracht war; an seine Stelle tritt nunmehr der abstrakte Ausdruck „das Absolute" (vgl. XI 373).

Die Einführung dieses Ausdrucks greift freilich den Dingen oder doch Schellings späterer Interpretation vor. Er spricht hier zunächst von der „Indifferenz des Subjektiven und Objektiven, ... womit sich der Sinn verband, daß in Einem und demselben mit völlig gleicher Möglichkeit das Objekt (die äußere Welt des materiellen Seins) *und* das Subjekt als solches (die innere, bis zum bleibenden Subjekt, zu Gott führende Welt) gesetzt und begriffen sei" (XI 371). Unter „Subjekt" wird aber in diesem Zusammenhang offensichtlich nichts Subjektives oder gar Individuelles verstanden, sondern eher eine wie auch immer geartete Objektivität geistiger Art im Unterschied zu der äußeren Welt des materiellen Seins, welche das „Objekt" heißt. Damit scheint das idealistische Subjektivitätsprinzip in dieser Konzeption aufgegeben zu sein. In seinem Rückblick erklärt Schelling jedoch des weiteren, der Name „Absolutes Identitätssystem" habe zum Ausdruck bringen sollen, „daß in jenem Ganzen Subjekt und Objekt mit gleicher Selbständigkeit einander gegenüberstehen, das eine nur das ins Objekt hinübergetretene [...], das andere nur das *als* solches gesetzte Subjekt sei" (XI 371 f.). Nach dieser Erklärung ist also der jener Doppelheit des Subjektiven und Objektiven übergeordnete Begriff der absoluten Identität nicht nur seinerseits durch das Reflexivitätsprinzip bestimmt, in ihm lebt vielmehr auch das Moment der Subjektivität – freilich in abgewandelter Gestalt – weiter. So wäre also Subjektivität in einem entsprechend gesteigerten, um nicht zu sagen: verabsolutierten Sinn der gemeinsame Nenner für Subjektivität und Objektivität in der bisherigen Bedeutung.

Aber Schelling interpretiert nun den Begriff des Absoluten noch auf andere Weise und unmittelbarer verständlich durch den Ausdruck „absolute Vernunft". Wie jedoch ist dieser Begriff zu verstehen? An Hegels später entfaltete Konzeption der Weltvernunft oder des eigentlichen Subjekts der Weltgeschichte darf man dabei natürlich nicht denken. Man sollte sich vielmehr an Schellings eigene Ausführungen halten. Er bemerkt dazu: „Das Denken der Vernunft ist jedem anzumuten" – wir können interpretieren: Die Funktion der Vernunft ist jedem klarzumachen, der überhaupt einer Argumentation zu folgen vermag. An diese Feststellung schließt jedoch die Aufforderung an, die Vernunft nunmehr als absolut zu denken, sie absolut zu setzen. Als Bedingung dafür wird angegeben: Die Subjektivität der Vernunft muß zum Verschwinden gebracht werden, es „muß vom Denkenden abstrahiert werden" – nicht nur in dem Sinn, daß *ich* es bin, sondern daß *ein Denkender* hier argumentiert; so daß also als Gegebenheit bleibt, daß die Vernunft es ist, die das Denken vollzieht – nach Schellings Feststellung: „Dem, welcher diese Abstraktion macht, hört die Vernunft unmittelbar auf etwas Subjektives zu sein, wie sie von den meisten vorgestellt wird, ja sie kann selbst nicht mehr als etwas Objektives gedacht werden, da ein Objektives oder Gedachtes nur im Gegensatz gegen ein Denkendes möglich wird, von dem hier völlig abstrahiert wird." So wird die Vernunft „zu dem wahren *An-sich*, welches eben in den Indifferenzpunkt des Subjektiven und Objektiven fällt". Der damit erreichte Standpunkt erst ist der Standpunkt der Philosophie; die Erkenntnis dieser Vernunft „ist eine Erkenntnis der Dinge, wie sie an sich, d. h. wie sie in der Vernunft sind" (IV 114 f., § 1).

Die Ausführungen, die uns soeben beschäftigt haben, folgen der „Erklärung" – wir würden heute sagen: Definition –, welche als § 1 mit der Einführung des Begriffes „absolute Vernunft" die bereits genannte „Darstellung" von 1801 eröffnet. Sie sind also in besonderem Maße programmatisch. Und programmatischen Charakter hat auch die anschließende Bestimmung über das Wesen der Philosophie: „Es ist die Natur der Philosophie alles Nacheinander und Außereinander, allen Unterschied der Zeit und überhaupt jeden, welchen die bloße Einbildungskraft in das Denken einmischt, völlig aufzuheben, und mit Einem Wort in den Dingen nur das zu sehen, wodurch sie die absolute Vernunft ausdrücken, nicht aber, insofern sie Gegenstände für die bloß an den Gesetzen des Mechanismus und in der Zeit fortlaufende Reflexion sind."

Fassen wir also die bisher deutlich gewordenen Grundzüge der Identitätsphilosophie nochmals zusammen: Wie einst Spinoza, so will nunmehr auch Schelling *sub specie aeternitatis* philosophieren. Im Zentrum seines Philosophierens steht jedoch nicht „die Welt" – oder wie man im Blick auf Spinoza besser sagen wird: das Sein, vertreten durch den Begriff der einen unendlichen Substanz –, sondern „das Ich", jedoch nicht im Sinne Fichtes, sondern aller Subjektivität entkleidet, so daß Schelling den Ausdruck „das Absolute" dafür wählen kann. Von vornherein ist dieses Absolute jedoch charakterisiert durch Reflexivität, und Schellings genauere Bezeichnung lautet darum „absolute Identität des Subjektiven und Objektiven". Methodische Voraussetzung des Philosophierens ist die durch Abstraktion von jeder subjektiven Bedingtheit zu erreichende Erhebung der menschlichen zur „absoluten Vernunft".

3. Eine weitere These von entscheidender Bedeutung für die Position der Identitätsphilosophie ist die folgende: Die absolute Vernunft ist nicht nur Organ des Philosophierens, sondern zugleich dessen einziger Gegenstand. Schon die Bezeichnung des Absoluten als Identität weist ja darauf hin, daß dieses Absolute in sich selbst reflexiv ist. Es ist dies aber nicht die Reflexivität im Sinne von Kants transzendentaler Apperzeption, vielmehr: nichts außerhalb der Vernunft kann Gegenstand ihrer Erkenntnis werden, daran hängt geradezu ihr Absolutheitscharakter.

Philosophie ist darum, inhaltlich genommen, ein Selbsterkennen des Absoluten, und zwar ist dieses Selbsterkennen so eng mit dem Absoluten verbunden, daß es geradezu die „Form seines Seins" darstellt – wir können interpretieren: seine Seinsweise, die notwendig aus seinem Wesen folgt. Weil aber hier Sein und Erkennen, Sein und Denken unauflöslich eins sind, darum bedeutet die Bezeichnung „absolute Identität“ sowohl absolute Einheit wie absolute Sichselbstgleichheit (IV 116, § 3 f.), als Formel: Identität der Identität (IV 121, § 16).

4. Betrachtet man diesen Ansatz als Ganzes, so lassen sich einige wesentliche Tendenzen dieses Denkens deutlich erkennen. Was zunächst den Zentralbegriff des Absoluten betrifft, so ist es nicht mehr – wie früher, soweit er Fichte gefolgt war, auch für Schelling – der möglicherweise unerreichbare Zielpunkt des Philosophierens, sondern vielmehr dessen Ausgangspunkt, besser gesagt: seine Mitte, oder, vielleicht noch zutreffender, das Medium, innerhalb dessen sich das Philosophieren vollzieht. Dies insbesondere ist es, was die Philosophie nunmehr ganz und ausschließlich zur Wissenschaft vom Absoluten werden läßt. Und in strenger Entsprechung dazu fordert Schelling das Absolutwerden des Denkens.

Im Blick auf seine vorausgehende Philosophie ist aber noch etwas weiteres hervorzuheben: Bisher war das zentrale Thema der Philosophie der Weltprozeß in der Doppelgestalt von Naturprozeß und „Odyssee des Geistes“; nunmehr, so ist zu vermuten und auch zu verifizieren, gilt jeder derartige Prozeß als bereits am Ziele angekommen, und damit wird zur generellen Voraussetzung, was bisher allein am Ereignis der Kunst begegnete und deren Ausnahmestellung innerhalb des Gesamtzusammenhangs begründete, den jener philosophisch erfaßte Weltprozeß darstellt: die erfüllte Gegenwart des Absoluten. Allein für die Kunst war damals die These möglich: „Die ästhetische Anschauung [. . .] ist die objektiv gewordene intellektuelle. Das Kunstwerk nur reflektiert mir, was sonst durch nichts reflektiert wird, jenes absolut Identische, was [. . .] durch das Wunder der Kunst aus ihren Produkten zurückgestrahlt“ wird (III 625).

Damit wird vollends klar: Die Identitätsphilosophie fordert eine Neuorientierung der Philosophie, wie sie radikaler nicht zu denken ist. Daraus läßt sich wenigstens zu einem Teil die außerordentliche Heftigkeit erklären, welche die gegen diese Philosophie sogleich von allen Seiten entfachte

Polemik charakterisiert. Die sachlich bedeutsamste, zugleich in der Formulierung bemerkenswerteste ist Hegels Spott über das Absolute, das A = A, als „die Nacht [...], worin, wie man zu sagen pflegt, alle Kühe schwarz sind"; das einfache A = A für das Absolute auszugeben, sei „die Naivität der Leere an Erkenntnis"[1].

Aber auch abgesehen von den besonderen Motiven solcher Polemik: eine Forderung der Art, wie sie am Tor zur Wahrheit der Identitätsphilosophie zu lesen ist, hat mit Notwendigkeit gewisse Verständnisschwierigkeiten zur Folge, sie kompliziert auch die Verständigung mit Philosophen gleicher oder ähnlicher Denkhaltung. Das hat auch Schelling selbst gesehen, und er ist darum auf diese doppelte Problematik in seinen Schriften ausführlich eingegangen, insbesondere in den „Ferneren Darstellungen" sowie in seinen Auseinandersetzungen mit einzelnen Philosophen, besonders mit Kant und Fichte.

5. Um die Schwierigkeiten dieses Umdenkens zu sehen, mag man sich die folgenden Theoreme der Identitätsphilosophie vergegenwärtigen. Ausgangsbasis der Identitätsphilosophie ist „das Absolute", erklärt als absolute ungeschiedene Identität. Wir wissen aber zunächst nicht, was damit gemeint sein kann, anders gesagt: Diese Basis ist nicht einfach vorgegeben, so daß es genügte daran zu erinnern, und vor allem muß der Zugang zu ihr vom Philosophieren im traditionellen Sinne aus erst gewonnen werden. Dies schon deshalb, weil die traditionelle philosophische Erkenntnis – und zwar, wie Schelling zustimmend-kritisch bestätigt, mit Recht – sich als relative, begrenzte Erkenntnis versteht, bedingt durch die Subjekt-Objektspaltung, in Schellings Sprachgebrauch: durch die Differenz zwischen Subjekt und Objekt.

---

[1] Hegel, Phänomenologie des Geistes, Vorrede. Philosophische Bibliothek Bd. 114, Hrsg. von J. Hoffmeister, Hamburg [6]1952., 19. – Im übrigen spricht bekanntlich auch Hegel von spekulativer Identität, aber um den Gegensatz hier auf eine Formel zu bringen: Ihm ist diese Identität nicht „Identität der Identität", sondern „Identität von Identität und Nicht-Identität".

Eine Überwindung dieser Spaltung und damit der Relativität der Erkenntnis ist aber eben nach Schellings neuer Theorie möglich, wenn es gelingt, in den „Indifferenzpunkt" zwischen Subjekt und Objekt zu gelangen, an einen Punkt also, an dem wir uns von der bloßen Subjektivität „ebensoweit entfernt" haben wie von der bloßen Objektivität. Der metaphorische Charakter dieser Redeweise erschwert aber nun zweifellos das Verständnis des Gemeinten noch zusätzlich. Eine erste Annäherung mag die Erinnerung an die Regel ermöglichen, die wir befolgen, wenn wir von gewissen Eigenschaften einer Gegebenheit abstrahieren, die unserer wissenschaftlichen Einsicht im Wege stehen, also etwa von irgendwelchen Unregelmäßigkeiten bei der Zeichnung eines Kreises oder eines Quadrats oder auch von „zufälligen", für unsere Fragestellung aber unwesentlichen Beschaffenheiten eines Naturobjekts. Eine derartige Eigenschaft kann auch die kausale Bedingtheit solcher besonderen Merkmale sein: Wir können, ja wir müssen bei bestimmten Fragestellungen die Tatsache vernachlässigen, daß etwa ein Baum sich an einem dem Wind besonders ausgesetzten Standort anders entwickelt als inmitten eines Waldes und darum gewisse Verformungen aufweist, die für die betreffende Spezies nicht charakteristisch sind.

Dieses letztere Beispiel gibt Gelegenheit, noch etwas näher an Schellings Position heranzukommen. Die Kausalitätsproblematik ist nämlich allgemein im Zusammenhang der durch die Identitätsphilosophie geforderten Betrachtungsweise von besonderem Gewicht. Schelling kommt hier – zusammengefaßt – zu folgenden prinzipiellen Feststellungen: Endliche Dinge unterstehen dem Gesetze der Kausalität, wir kommen aber mit der Erfassung von Kausalbestimmungen niemals zu einem Ende; Kausalbetrachtung ist andererseits im Sinne Schellings metaphysisch und überhaupt philosophisch unfruchtbar, sie führt uns von dem ab, worauf es philosophisch ankommt. Dies vor allem auch deshalb, weil Kausalität immer Fremdbestimmtheit bedeutet, so daß wir eine Sache niemals als sie selbst, – philosophisch gesagt: ihr Wesen – erfassen können, wenn wir sie in ihrer kausalen Verknüpfung betrachten. Aus diesen beiden Gründen ist Kausalität geradezu der höchste Ausdruck der Negation, des Nichtseins der endlichen Dinge. Entsprechendes gilt für die kategorialen Bestimmungen Vielheit und Einheit, aber auch Zeit und Zahl sind Formen, in denen wir etwas nur *außer* dem Ewigen, Absoluten, und das heißt: nur als Endliches begreifen können. Im Blick darauf erklärt Schelling darum: Nur die Abstraktion von diesen Kategorien der Endlichkeit macht die Erhebung in die absolute Vernunft und ein Philosophieren aus dem Absoluten möglich.

6. Allerdings wäre die bloße Abstraktion dazu nicht imstande, wenn sich nicht gleichzeitig mit ihr jene Intuition einstellte, in der sich das Wesentliche zeigt. Schelling nennt sie mit einem schon von Kant – allerdings nur in abgrenzender Bedeutung[2] – gebrauchten Ausdruck „intellektuelle Anschauung". Er hat sich dieser Bezeichnung schon früher bedient, aber erst jetzt, in der Identitätsphilosophie, gewinnt sie systembildende Kraft als das entscheidende Moment philosophischer Erkenntnis.

Das zeigen die folgenden Thesen: Nur wenn ich mich mit Hilfe der intellektuellen Anschauung in die absolute Identität versetze, kann ich des Absoluten innewerden; dieser Überschritt in die absolute Identität bedeutet zugleich – mit einem modernen Ausdruck umschrieben – eine „Entpersönlichung": Er geschieht in einem Denken, das nicht mehr *mein* Denken ist, sondern das der absoluten Identität selbst. In diesem Sinn müssen also alle Sätze, die vom Erkennen der absoluten Identität handeln, auch für den Philosophen gelten, der sich durch intellektuelle Anschauung in die absolute Vernunft versetzt hat und aus ihr heraus philosophiert. Dies also ist die selbst absolut zu nennende Position, aus der heraus Schelling sein Identitätssystem entfaltet hat.

Es erleichtert den Zugang zu dieser Position, wenn man auch die Sätze über das Erkennen, welches sich in der absoluten Identität vollzieht, noch eigens vergegenwärtigt. Den-

[2] Kant, Kritik der reinen Vernunft B 72, 159.

ken und Sein sind auch im Absoluten unterscheidbar, aber sie können nicht *geschieden* gedacht werden. Diese Bestimmung ist zu sehen im Zusammenhang mit jener Grundthese des Idealismus, von der mehrfach die Rede war: Das Sein selbst ist in sich ursprünglich reflexiv. Daraus leitet Schelling die These ab: Die absolute Identität hat ihre Existenz unter der Form ihrer Identität mit sich selbst, sie „*ist* nur unter der Form einer Identität der Identität" (IV 121, § 16, Zus. 2). Ihre, der absoluten Identität, ursprüngliche Erkenntnis ist also „zugleich ihr *Sein* der Form nach, und umgekehrt jedes Sein der Form nach auch ein Erkennen – (nicht ein Erkanntwerden) – der absoluten Identität." Der in Klammern gesetzte Einschub ist als Hinweis von Bedeutung: Wir sollen daran erinnert werden, daß die Erkenntnis, von der im Blick auf die absolute Identität die Rede ist, immer reflexiv, immer Selbsterkenntnis ist – auch wenn diese Erkenntnis sich im Kopf des Philosophen vollzieht (IV 122, § 18 und Zusätze). Modern gesprochen: Diese Identität ist strukturgleich mit ihrer Erkenntnis derart, daß sie „der Form oder Art ihres Seins" nach nur als Erkenntnis der Identität selbst zu fassen ist (IV 120, § 15, Zus. 1).

7. Notwendig sind alle diese Überlegungen – übrigens auch bei Schelling selbst – beständig begleitet von der Frage: Läßt sich, mit Hegel zu sprechen, in dieser „Nacht" des Absoluten überhaupt etwas Diskretes oder vielmehr Konkretes erkennen? Bleibt das damit umschriebene absolute Wissen nicht vielmehr bei sich selbst, genügt es nicht sich selbst in der Weise, daß es sich einer durch Abstraktion von allem Konkreten abgelösten Selbstreflexion überläßt und – gleichsam hochmütig – auf alle Einzelerkenntnis verzichtet und sie als sekundär, ja irrelevant verachtet?

Solche Fragen, die den Ton schon des Einwands, des Zweifels nicht verleugnen können, liegen nur allzu nahe. Aber Schelling hat sich auch von der neugewonnenen Position aus unablässig um das philosophische Begreifen der verschiedenen schon vorher von ihm bedachten Seinsbereiche bemüht, wobei er vor allem der Kunst nunmehr ausführliche und teilweise detaillierte Untersuchungen gewidmet hat. Er war überzeugt, daß die Identitätsphilosophie ihm für alle diese Bereiche neue Wege eröffnet habe. Schon der überwiegende Teil der „Darstellung“ von 1801 beschäftigt sich mit einer den neuen Grundsätzen entsprechenden Fassung der Naturphilosophie bis zur Theorie des Organismus. Sinn und Bedeutung einer Erkenntnis des Endlichen, oder vielmehr einer von der unendlichen unterschiedenen, aber nicht geschiedenen, sondern vielmehr im Verhältnis zu ihr entwikkelten endlichen Erkenntnis waren bei allen diesen Untersuchungen die stets gegenwärtige Grundfrage.

Wir müssen uns hier im wesentlichen auf die Prinzipien einer so verstandenen endlichen Erkenntnis beschränken. Die Thesen, mit denen Schelling sie beantwortet, sind Bestandteil seiner allgemeinen Theorie. Hier ist vor allem an den Satz zu erinnern, wonach „die absolute Identität, sofern sie *ist,* als die quantitative Indifferenz der Subjektivität und Objektivität vorzustellen“ ist. Dies gilt jedoch nur, „wenn die quantitative Differenz in Ansehung des einzelnen Dings wirklich stattfindet“ (IV 126, § 30).

Schellings Auslegung dieses Satzes (IV 126, Fußnote) macht die Bedingungen endlicher Erkenntnis des genaueren deutlich – wir geben eine kurze Zusammenfassung: „Das Sein, welches unmittelbar aus dem Wesen der absoluten Identität folgt, kann nur sein unter der Form A = A“; dies ist jedoch die Form der Subjekt-Objektivität, beide Momente mit gleicher Unendlichkeit und also ununterscheidbar gesetzt. Es gibt aber noch die andere, „höhere Form der Existenz, welche auf der absoluten Indifferenz des Erkennens und Seins beruht“, und unter dieser Form kann das Absolute als existierend gesetzt werden. Das Absolute existiert jedoch nur dann wirklich, wenn eine Differenz in beiden Formen gesetzt ist. Das ist möglich nur „in Ansehung dessen, was von dem Absoluten abgesondert wird, und insofern es abgesondert wird“ – in Beziehung also auf Einzelnes, das dann aber auch wirklich abgesondert, *als* Einzelnes, d. h. mit quantitativer Differenz und ohne unmittelbaren bezug auf das Absolute gesetzt wird. So geschieht es in der Einzelwahrnehmung und überhaupt auf jeder Stufe der Erfassung von Konkretem.

Das ist jedoch nur die eine Seite. Denn „unmittelbar mit dem Einzelnen wird ... zugleich auch das Ganze gesetzt." Schelling folgert daraus: „Das Absolute ist also als Absolutes nur dadurch gesetzt, daß es im Einzelnen zwar mit quantitativer Differenz, im Ganzen aber mit Indifferenz gesetzt wird." Beides zugleich gesetzt ist eine Setzung des Einzelnen in der Totalität; damit aber ist eine Identität besonderer Art, nämlich die Identität des Endlichen und Unendlichen gesetzt (vgl. IV 126 f., § 30 und Fußnote).

Einzelerkenntnis vollzieht sich also nach dieser Theorie mit Notwendigkeit nicht nur immer in einem größeren Zusammenhang, sondern im idealistisch verstandenen Totalzusammenhang der absoluten Identität. Das ist zunächst einfach eine Umkehrung jener Forderung, die Erhebung in die absolute Erkenntnis durch Abstraktion von den Kategorien des Endlichen (Einheit, Vielheit, Kausalität, Zeit usw.) vorzubereiten. Positiv gewendet: „Nichts einzelnes hat den Grund seines Daseins in sich selbst", oder: „Jedes einzelne Sein ist bestimmt durch ein anderes einzelnes Sein", wozu Schelling bemerkt: „Die erste Grundlage vom Prinzip der Kausalität" (IV 130, § 35 f. und Fußnote). Ein Ergebnis keineswegs negativer Art ist auch der Satz, mit dem ein im Anschluß an Kant vieldiskutiertes Problem beantwortet wird: „Es gibt kein einzelnes Sein oder einzelnes Ding an sich" (IV 125 f., § 28).[3]

8. Besondere Aufmerksamkeit verdient im Zusammenhang mit der Frage nach der Möglichkeit der Einzelerkenntnis der Versuch Schellings, für die Mannigfaltigkeit der Einzeler-

[3] Die Rede von der quantitativen Differenz bzw. Indifferenz ist zwar ein Kernstück der Identitätsphilosophie, aber zugleich ein überaus leidiges Kapitel. Das gilt auch von dem in mehreren Varianten angebotenen Schema (z. B. IV 137). Was unter quantitativer Differenz allgemein zu verstehen sei, hat Schelling am besten in folgendem Beispiel gezeigt. In der Idee des Dreiecks „ist weder ein gleichschenkliges noch ein ungleichschenkliges, noch

scheinungen bestimmte Ordnungsbegriffe einzuführen, welche diese Mannigfaltigkeit zu gliedern und darüber hinaus die Möglichkeit einer Entwicklung zu denken erlauben. Das geschieht zunächst durch die Unterscheidung von Potenzen innerhalb des Naturganzen. Schelling greift damit einen Begriff wieder auf, von dem er in früheren naturphilosophischen Erörterungen bereits Gebrauch gemacht hatte (vgl. etwa III 304 f.). Nunmehr wird der Begriff Potenz genauer definiert als Bezeichnung für bestimmte Formen oder Arten des Seins der absoluten Identität, entsprechend der jeweiligen quantitativen Differenz von Subjektivität und Objektivität. Die absolute Identität bleibt dabei unverändert dieselbe, was sich ändert, ist nur der Modus, die Art des Seins. Jede Potenz existiert nur als Glied innerhalb der Potenzenreihe: „Entweder sind alle Potenzen oder keine." Daher sind alle Potenzen *zugleich,* wie sie auch nur in ihrer Gesamtheit Ausdruck der absoluten Identität sind (IV 133 ff., § 40–44).[4] Potenziert wird immer die absolute Identität selbst als Einheit von Subjektivität und Objektivität, und zwar durch das jeweilige Übergewicht des einen oder des anderen Faktors. Im Blick auf die ganze Reihe der Potenzen handelt es sich um die Ordnung des Universums, das alle Erscheinungen umgreift; denn: „Die absolute Identität ist nicht die Ursache des Universums, sondern das Universum selbst" (IV 129, § 32).

---

gleichseitiges noch ungleichseitiges. Jede dieser Formen ist eine quantitative Differenz der Idee des Dreiecks. Nun kann aber eben die Idee des Dreiecks nur in der Totalität dieser Formen existieren, so daß es zwar immer im Einzelnen mit Differenz, im Ganzen aber mit Indifferenz gesetzt ist. – Quantitative Differenz wird überhaupt nur gesetzt durch den *Absonderungsakt* und in Ansehung desselben" (IV 127, § 30 Fußnote).

[4] Daß die Potenzen sich in der Wirklichkeit nicht direkt aufweisen lassen, hat übrigens für Schelling nichts Befremdliches: Es gilt dies ja von den Kategorien der Natur insgesamt. Selbst die für die Erfassung der Naturgegebenheiten so grundlegende Kategorie der Polarität ist ja als solche nicht darstellbar, sie tritt im Magnetismus zwar in Erscheinung, aber ohne daß damit ihre volle Wirklichkeit erschöpft wäre (Vgl. III 251, Fußnote 1).

Die in Stufen geordnete Mannigfaltigkeit der Natur ist also damit gedacht als verbunden durch das Wirken von Kräften, die ihrerseits in einem von Gegensätzlichkeit und Komplementarität zugleich bestimmten Systemzusammenhang stehen. Sie wirken immer gemeinsam, wobei das Vorwiegen jeweils einer gegenüber den andern die Vorbedingung ist für das Entstehen – und Bestehen – der verschiedenen innerhalb der Natur begegnenden Grundphänomene (Materie, das *primum* existens (IV 144) – Licht – Bewegung – Leben – Organismus usw.). Analoge Schemata hat Schelling dann auch für den Bereich des Geistigen – im weitesten Sinne – wenigstens andeutungsweise aufgestellt.[5]

9. Mit einem kurzen Hinweis muß noch die Lehre von den Ideen gewürdigt werden. Eine Unterscheidung zwischen Ideen und Potenzen hat Schelling allerdings nur insofern getroffen, als jene eben ihre Funktion „in der ideellen Reihe“, also auf Seiten des geistigen Seins erfüllen. Im übrigen sind auch Ideen zu begreifen als Arten der Identität, in welchen die Vernunft sich selbst erfüllt; in diesem Sinn sind sie Repräsentanten für die ewigen Notwendigkeiten der Selbsterkenntnis dieser Vernunft.

Damit hat Schelling wesentliche Momente von Platons Ideenlehre im Sinne seines Systems erneuert. Wie schon die Potenzen, so sind aber auch die Ideen in den Weltprozeß einbezogen. Am Ende dieses Prozesses treten jene Ideen voll in Erscheinung, in denen ein Maximum von Subjektivität (Geistigkeit) mit einem Minimum an Objektivität (Materialität) vereinigt ist – es sind dies die Ideen von Wahrheit und Schönheit. Sie haben schon immer in der Kunst als der vollendeten Darstellung der Subjektivität ihre Realisierung gefunden, und zwar in wachsendem Maße.

Idee ist also, wie Schelling ausdrücklich bemerkt, nicht ein bloßer Modus des Denkens, sondern „die Urgestalt, das

---

[5] Vgl. etwa IV 412–423 oder das Schema VII 184 f. Fußnote; die beiden Aphorismensammlungen zur Naturphilosophie enthalten dazu eine Fülle von interessanten Bemerkungen: Vgl. VII 140 ff.

Wesen in den Dingen, gleichsam das Herz der Dinge: Was also an ihnen weder bloß subjektiv ist wie der Begriff, der Modus des Denkens, noch bloß objektiv, wie das Ding rein als solches, sondern die absolute Identität beider" (VI 183).

Die volle Bedeutung von Schellings Begriff der Idee, speziell innerhalb des Identitätssystems, kann nur im Zusammenhang einer ausführlichen Behandlung seiner Philosophie der Kunst gezeigt werden, hier insbesondere bei der Theorie des Symbols und bei der Begründung der Mythologie als des Ursprungs der Kunst.

10. Die Schrift „Philosophie und Religion" aus dem Jahre 1804, also durchaus in die Epoche der Identitätsphilosophie gehörig, wirkt unter den übrigen Werken, die als Darstellung dieser Lehre zu gelten haben, wie ein Fremdkörper. Sie verdankt ihre Entstehung einem Einwand Eschenmayers gegen die Identitätsphilosophie, der sich kurz so zusammenfassen läßt: Ihr Bereich sei die Vernunft und damit das Ewige, aber damit seien die Gegensätze von Freiheit und Notwendigkeit, Diesseits und Jenseits nicht zu begreifen, geschweige denn zu überwinden; dies sei vielmehr Sache der Religion, die höher sei als alle Vernunft. Wenn außerdem der Identitätsphilosophie das Konkrete als etwas Außervernünftiges gelte, das nur derjenige als Konkretes auffasse, der selbst sich vom Absoluten abgesondert habe: Wie komme es zu dieser Absonderung, wie zu dem depotenzierten Sein der endlichen Objekte?

Die Gegenthesen, mit denen Schelling antwortet, scheinen die Identitätsphilosophie insgesamt in Frage zu stellen: Um wahrhaft objektiv zu werden, habe das Absolute dem Realen die Macht gegeben, ebenfalls seine Idealität in Realität zu objektivieren. Das bedeute für den Menschen die Möglichkeit, in sich selbst zu sein, d. h. kraft der Freiheit, welche ihm als dem Gegenbild des Absoluten zukomme, sich von diesem zu lösen. Diesen Vorgang der Ablösung nennt Schelling „Abfall" vom Absoluten bzw. von Gott – womit der schon früher für das Sein des Endlichen gebrauchte Ausdruck erst seinen spezifischen Sinn erhält.

Die abgefallene Seele kann nun nur noch Endliches, Nicht-Absolutes, Zeitliches produzieren; jedoch vermag der Mensch dank der in der Endlichkeit, also im Nacheinander der Geschichte sich vollziehenden Selbstoffenbarung Gottes seine Versöhnung mit Gott zu finden, philosophisch gesprochen: durch die Wiedererlangung seiner Identität mit dem Unendlichen sich zu Gott zu erheben.

Diese Thesen bedeuten zunächst eine Erweiterung des Problembereiches, zugleich aber wird der Charakter des Systems entscheidend dadurch verändert, daß nunmehr jenes als Abfall und Versöhnung gekennzeichnete Geschehen mit den dieses System bestimmenden Kategorien gedacht werden soll: Menschliche Freiheit und göttliches Handeln als geschichtliche Tat sind als Gegenstand eines Denkens, das sich in der Sphäre des Absoluten hält und die zeitlich-geschichtliche Wirklichkeit menschlicher Entscheidung und Umkehr unter sich läßt, nicht möglich. Insbesondere das Freiheitsproblem – von Schelling 1809 in einer eigenen Schrift behandelt – sollte zu gedanklichen Folgerungen führen, welche den Rahmen der Identitätsphilosophie sprengen mußten.

11. Das Identitätssystem ist, wie auf seine Weise das System des transzendentalen Idealismus, gewissermaßen eine philosophische Bestandsaufnahme der gesamten Wirklichkeit auf höchster Reflexionsstufe; gerade darum stellt die Hinwendung der Aufmerksamkeit auf bestimmte, bisher vernachlässigte und überdies systemfremde Gegebenheiten das Ganze in Frage[6].

Im Unterschied zu jenem System von 1800 ist die Identitätsphilosophie jedoch keine Reflexionsphilosophie mehr, sondern – um einen gängigen Gegenbegriff undiskutiert zu benutzen – spekulative Ontologie. Ohne Zweifel will aber diese Ontologie mehr sein als ein formaler Entwurf dessen, was sich als Gefüge des Seins im ganzen zeigt: das System

---

[6] Dazu treffend X. Tilliette, *4.6*, T. I, 416: Das Identitätssystem sei „ein gigantisches Fragment, in welchem sich nur der Plan des Ganzen einigermaßen deutlich erkennen läßt".

beansprucht, eine ganze, runde, alle Problembereiche der Philosophie auf eine wesentlich neue Weise beantwortende Philosophie zu sein. Dank der prinzipiellen Strenge seines Aufbaues hat das Identitätssystem trotz aller Schwankungen, die bei einem genaueren Vergleich der verschiedenen Fassungen spürbar werden – sie sind in erster Linie der improvisierenden Spontaneität von Schellings Produktion zuzuschreiben – eine imponierende Geschlossenheit.

Sein dynamischer Charakter wird besonders bei einem Vergleich mit dem System Spinozas und dessen Statik deutlich. Es ist entscheidend bestimmt durch eine Idee von Entwicklung, wodurch die anfängliche Statik seiner Konzeption durchbrochen wird. Allerdings scheint diese Dynamik gewissermaßen gefangen in einem „abgeschlossenen System" – diesen Terminus im Sinne der modernen Physik gebraucht. Das Universum, wie Schelling dieses Ganze nennt, ist seinerseits von Prinzipien des Gleichgewichts und des Ausgleichs beherrscht; dadurch besonders scheint jede Expansion von vornherein ausgeschlossen, welche die innere Stabilität des Systems gefährden könnte.

So wird insbesondere zweifelhaft – und Schelling hat solchen Zweifeln gegenüber der Identitätsphilosophie jedenfalls nicht vorgebeugt –, ob diese Philosophie Wesen und Wirklichkeit von Geschichte in angemessener Weise zu erfassen vermag: denn es ist wohl nicht zufällig, daß nur in „Philosophie und Religion" – aber eben auch hier nur *via negationis*, unter Berufung auf den „Abfall" – von Geschichte die Rede ist. Dies bedeutet zugleich eine indirekte Kritik an dem Entwicklungsgedanken, der zwar dem System und damit dem Universum immanent ist, aber als Moment eines „geschlossenen Systems" nicht auszureichen scheint, um Geschichte als menschliche Tat mit der Möglichkeit von Veränderung zu begreifen.

12. Die Beobachtungen und Überlegungen der beiden vorhergehenden Abschnitte legen es nahe, das Identitätssystem als Ausdruck einer konservativen, also bewahrenden, um nicht zu sagen reaktionären Haltung zu interpretieren. Es

repräsentiere – wenn man dem Urteil von Hans-Jörg Sandkühler[7] folgen will – nach Kants Philosophie emanzipativer Aufklärung und dem Jakobinertum des jungen Fichte „das Ende der Revolution in der Philosophie“, es sei geradezu das „Dementi der Befreiung des Menschen aus der Natur in die eigene Geschichte“; statt dessen laute nunmehr die Losung: „ein beständiges Potenzieren des Ichs [...] von einer Stufe der Selbstanschauung zur andern“. Die Kritik am modernen Staat (der Französischen Revolution) vollends sei nur politisch interpretierbar, sie zeige dieselbe Tendenz wie die philosophische „Konstruktion des absoluten Organismus in der Form des Staates“ (V 316), der gemäß die Aufteilung der Macht entsprechend der traditionellen Ständeordnung metaphysisch begründet sei: „Die Staatsverfassung ist ein Bild des Ideenreichs. In diesem ist das Absolute als die Macht, von der alles ausfließt, der Monarch, die Ideen sind – nicht der Adel oder das Volk, weil das Begriffe sind, die nur im Gegensatz gegeneinander Realität haben, sondern – die Freien: die einzelnen wirklichen Dinge sind die Sklaven und Leibeigenen“ (V 261).

Diesen Feststellungen, so scheint es, kann man nicht widersprechen. Zu fragen ist jedoch, ob darum auch die weitergreifenden Folgerungen Sandkühlers berechtigt sind, der – nach dem Vorgang von Georg Lukács[8], aber viel mehr ins Detail gehend – Schellings Identitätsphilosophie pauschal als Produkt reaktionärer Gesinnung denunziert. Dazu ist, was als politische Thesen aus den philosophischen Texten zur Identitätsphilosophie zu gewinnen ist, doch wohl nicht aussagekräftig genug. Zu Unrecht, so scheint uns, versucht Sandkühler, Schellings Identitätsphilosophie so zu interpretieren, als ob es die leitende Absicht des Philosophen wäre, damit seine eigene politische Grundhaltung zu rechtfertigen. Neben der Voraussetzung der politischen Relevanz der dies-

---

[7] Vgl. H.-J. Sandkühler, *4.27,* bes. 104.
[8] Vgl. G. Lukács, *8.4,* insbesondere den Abschnitt „Schellings intellektuelle Anschauung als erste Erscheinungsform des Irrationalismus“ 114–138.

bezüglichen Aussagen nimmt eine solche Argumentation vorweg, was erst noch zu beweisen wäre: daß nämlich das Denken eines Philosophen ein in sich stimmiges und als solches untrennbares Ganzes darstellt. Bei Schelling zum wenigsten trifft das, wie wir gesehen haben, weder insgesamt für die Philosophie jener Epoche zu, die von so entscheidend neuen Ansätzen gekennzeichnet ist, noch für die einzelnen Teile des Identitätssystems in ihrem gegenseitigen Verhältnis, für das Schelling immer wieder andere Bestimmungen gegeben hat.

Schelling war eben – gerade auch als Schöpfer dieses Systems – ein lebendiger Denker, „ein Mensch mit seinem Widerspruch".

V. Die Freiheitsschrift

Von Xavier Tilliette

Der nachträgliche Erfolg der „Philosophischen Untersuchungen über das Wesen der menschlichen Freiheit“, des Werkes, das im Mittelpunkt der langjährigen Schellingschen Produktion steht, bildet einen Gegensatz zu seinem raschen Untergang gleich nach der Veröffentlichung. Allerdings hatte diesmal der Autor nichts getan, um sein Auftreten in besonderer Weise anzukündigen. Im Gegenteil hat er es sozusagen versteckt im ersten, allein erschienenen Band seiner „Philosophischen Schriften“. Der Passus im Vorwort, der die Abhandlung anzeigt, fängt folgendermaßen an: „Über die folgende Abhandlung findet der Verfasser nur weniges zu bemerken“ (VII 333). Es ist weder übertriebene Bescheidenheit noch Ängstlichkeit, eher eine Hemmung, eine Art Unsicherheit, die übrigens der Text verrät. Wenn die großen Gedanken gleichsam auf Taubenfüßen heranschreiten, kommt es vor, daß auch der Empfänger sie überhört. Tillich meint, daß Schelling seine Verwandlung bzw. Umkehr getarnt hat, unter dem Vorwand, daß die Ideal- oder Moralphilosophie in den veröffentlichten Teilen der Identitätsphilosophie ausgeblieben sei. Diese Auffassung ist nicht bündig. Die Sorge, der Perspektive von gestern das Streben von heute anzufügen, ist eine Konstante der Haltung Schellings, sie ist besonders sichtbar in den „Untersuchungen“. Der Herausgeber bemerkt also mit Recht: „Mit dieser [Abhandlung] war Schelling zu einer Philosophie fortgegangen, die zwar materiell [...] an die Naturphilosophie angrenzte, formell aber [...] über die Naturphilosophie und das Identitätssystem hinausging; die Prinzipien des letzteren wurden zwar nicht ausdrücklich verlassen, aber sie wurden bereits in ein Verhältnis zu einer Personalität, einem *Willen* gesetzt [...]. Es hatte nun schon die entschiedene Hinwendung zu dem stattgefunden, was Schelling hernach geschichtliche Philosophie nannte" (VII V–VI).

Jedenfalls hat die Forschung die Freiheitsschrift meist als einen Bruch und einen neuen Anfang dargestellt. Das Werk bezeichnet eine Zäsur, den tastenden Beginn der künftigen Spätphilosophie. Horst Fuhrmans vertritt seit Jahrzehnten diese Interpretation.[1] Heidegger hängt, trotz seiner unverkennbaren Originalität, von demselben Standpunkt ab, der vor 30 Jahren noch herrschte.[2] Übrigens scheint Schelling selbst den künftigen Kommentaren zuzustimmen, wenn er „eine Reihe anderer [Abhandlungen], in denen das Ganze des ideellen Theils der Philosophie allmählich dargestellt wird" (VII 416) abschließend ankündigt. Die Umstände, vor allem der Tod Carolinens, verhinderten ihn, den Plan auszuführen. Aber die „Stuttgarter Privatvorlesungen" (1810) und die Sisyphusarbeit der „Weltalter" setzen die in der frühen Schrift gezeichnete Linie fort. Außerdem spielten auch in dieser die Umstände ihre Rolle, nämlich die Einrichtung in München, der geistige Klimawechsel, die Begegnung mit Franz Baader, die Muße für eine aufmerksamere Lektüre von Jakob Böhme und Oetinger.

Wenn heute die „Untersuchungen" weniger einschlagen, kommt es daher, daß sie nun als Vorbereitung und aufgehobene Stufe der eigentlichen Spätphilosophie gelten. Überdies schwankt ihre Lage im Werdeprozeß der negativen und positiven Philosophie, seitdem die Zweiteilung in die Mitte des Interesses vorgerückt ist. Daraus ergibt sich eine gewisse Abneigung, für die das berühmte Buch von Walter Schulz[3] teilweise zeugt. Man erinnert sich, daß Hegel damals bedauert hat, die Schrift sei ein Torso geblieben.

Aber nicht nur für den greisen Schelling wird das Werk in

---

[1] Vgl. H. Fuhrmans *5.32*.
[2] Vgl. M. Heidegger *5.18*.
[3] Vgl. W. Schulz *5.37*, 113–114.

die „frühere Philosophie“ gleichsam eingepfercht. Schon zur Zeit der Veröffentlichung hatte er den Zusammenhang mit der vorläufigen Rhapsodie von „Philosophie und Religion“ (1804) hervorgehoben.[4] Beide Texte bewegen sich im selben Kreis von Problemen, aber wir sind nicht verpflichtet, Schelling unser Vertrauen blindlings zu schenken. Freilich wird der Gedanke des Abfalls, mit Bezug auf die Ichheit, abermals thematisiert, doch hat sich der Rahmen verändert, neue Schichten der Tradition sind hinzugefügt worden, der Kontext ist ein anderer, hier Jakob Böhme, da Plato. Wieder stoßen wir auf die Umstände, die, wenn sie auch nicht den Ausschlag geben, dennoch nie ganz von der Entwicklung Schellings getrennt werden können.

Wie Eschenmayers Büchlein „Die Philosophie in ihrem Übergang zur Nichtphilosophie“ der Anlaß zu „Philosophie und Religion“ gewesen ist, so haben Friedrich Schlegels berühmtes Werk „Über die Sprache und Weisheit der Inder“ wie seine Rezensionen über Fichte in den *Heidelbergischen Jahrbüchern der Literatur,* die „Untersuchungen“ angeregt. Jacobi, damals noch auf gutem Fuß mit Schelling, schreibt an Fries, den 29. Juli 1808: „Was Fr. Schlegel in seiner India über die Philosophie des Einen und Allen gesagt hat, wurmte ihn [. . .]“.[5] Der Verdacht des Pantheismus mußte Schelling um so mehr kränken, als er vom ehemaligen Freund und Tischgenossen stammte. Im Werk selbst hat er dennoch die polemischen Klauen eingezogen, in Briefen an Gotthilf Schubert zeigt er sich aber sehr erbittert.

Die Antwort auf den Vorwurf des Pantheismus ist viel ausgearbeiteter und gereifter als die unfertige Replik an Eschenmayer. Trotzdem ist sie in wenigen Wochen geschrieben worden. Deshalb läßt sie Probleme offen, die Schelling ins Abenteuer der „Weltalter“ fortreißen werden. Aber diesmal ist er nicht überrascht und überfragt. In der Zwischenzeit hat er nicht nur über Oetinger, Böhme und seinen

---

[4] Vgl. VII 334, 410 Anm.

[5] E. L. T. Henke, Jakob Friedrich Fries. Brockhaus, Leipzig 1867, 315.

Propheten Baader nachgedacht, sondern auch von Saint-Martin, Angelus Silesius und dem Pseudo-Tauler gelernt. Seine elegante Sprache strahlt nun einen mystischen Glanz aus. Als ob er die Anklage des dürren Formalismus auf eine direkte Weise widerlegen wollte.

In der Tat war Friedrich Schlegel, wegen seines Impressionismus, ein ziemlich leicht zu bezwingender Gegner, aber hinter ihm wächst der Riesenschatten eines befürchteten Gesprächspartners: G. W. F. Hegel. Das Vorwort der „Phänomenologie des Geistes“ wurmte Schelling mehr als die Sätze der India. Es gab keinen öffentlichen Bruch, keinen unfreundlichen Wortwechsel, aber ein eisiges Schweigen stellte sich ein. Hegels „Verrat“ hat die Rechtfertigung in eigener Sache hervorgerufen, die Schelling mit Hilfe einer Aufwertung des Verstandes unternimmt. Denn das an Vorzeichen üppige Werk ist ebenfalls eine innere Auseinandersetzung mit der vorhergehenden Philosophie von Jena–Würzburg. Die Bedeutung, die Fichte zukommt, ist indessen selbstverständlich. Nach dem Zornausbruch von 1806 kommt Schelling zu einer gerechteren Ansicht zurück. „Philosophie und Religion“ stellte bereits eine bemerkenswerte Verquickung des Abfalles und der Selbstsetzung dar: Die gesamte „Wissenschaftslehre“ trug dabei das Verhängnis der Endlichkeit als Schuld. Schelling äußerte feierlich: „Die Bedeutung einer Philosophie, welche das Prinzip des Sündenfalls, in der höchsten Allgemeinheit ausgesprochen, wenn auch unbewußt, zu ihrem eignen Prinzip macht, kann [. . .] nicht groß genug angeschlagen werden“ (VI 43). Denn die Ichheit (Egoität) ist ihr eigenes Tun, ist nur ihr Tun. Das heißt: Das Ich ist nur für sich Ich, das Ich ist nur für sich, das Ich ist nichts als Ich, das Ich ist *nichts* außer seinem Tun. Also: Das Ich ist an sich nichts! Erzeuger seiner selbst, „Bildner des Nichts“, nach Fichtes Ausdruck in der „Bestimmung des Menschen“. Die „Untersuchungen“ bestätigen diesen schwerwiegenden Sinn des Ich bin Ich: „Er [der Mensch] steht am Scheidepunkt; was er auch wähle, es wird seine That sein [. . .]“ (VII 374). Diese beiden Sätze sind ein Widerhall der früheren: „Der Grund der Möglichkeit des Abfalls liegt in der Freiheit und [. . .] in der Form, und dadurch in dem *Absoluten; der Grund der Wirklichkeit* aber einzig im *Abgefallenen* selbst. [. . .]“ (VI 40). Die Erklärung von „Philosophie und Religion“, die in ihrer thesenartigen Formulierung einem Lehrsatz gleicht, wird in den „Untersuchungen“ methodisch entwickelt. Aber der Platonische Typus wird in die christliche Tradition eingereiht, Sein und Wille lösen die Idee ab. „Wollen ist Urseyn“ (VII 350): Das Schlagwort der späteren Philosophie war nicht zu spüren, nicht zu ermitteln in der beschaulichen, durch die Vernunfterkenntnis verklärten Philosophie der Identität, aber es knüpft weiter rückwärts an die ersten Schritte eines vom Odem der Freiheit beseelten Denkens an. „Nur wer Freiheit gekostet hat, kann das Verlangen empfinden, ihr alles analog zu machen, sie über das ganze Universum zu verbreiten: (VII 351); dieser Leitsatz erweitert die noch programmatische, von Leibniz eingegebene Erklärung in „Vom Ich“: „[. . .]selbst der niedrigste Grad von Spontaneität in der theoretischen Philosophie offenbart eine ursprüngliche Freiheit des absoluten Ichs [. . .]“ (I 205).

Doch nach Präliminarien, die anscheinend das Vergangene überbrücken, schwenkt Schelling schroff ein, indem er ausspricht: „Der reale und lebendige Begriff aber ist, daß sie [die Freiheit] ein Vermögen des Guten und des Bösen sey“ (VII 352). Aber kommt der Richtungswechsel wirklich unvermittelt und plötzlich? Kaum, wenn man bedenkt, daß der junge Schelling die transzendentale und moralische Freiheit eng miteinander verbunden hatte. Zur Zeit der Identitätsphilosophie ist zwar das erscheinende Endliche beiseitegelassen, doch liegen die Endlichkeit und die sich anschließende Schuldfrage überall zugrunde. Allerdings fällt die Begriffsbestimmung der Freiheit in der Würzburger Vorlesung mit der soeben angegebenen nicht zusammen, und wir erinnern an den Tadel von Tillich, oder an die „großen spekulativen Kurven“, die Carlos Astrada im Denken Schellings beobachtet. Die Vorlesung betonte: „Alle andere Freiheit außer der, die im Göttlichen ist“ ist „nichtig“, und „Gott allein [kann] wahrhaft frei heißen“ (VI 539). Ist also der Gegensatz nicht grell genug? Aber der Ort weiterer Forschungen, über die individuelle Freiheit, das Böse, die Sünde, die Schuld, die Strafe, wird explizit vorenthalten (VI 542). Gewiß findet dann eine Verlagerung des Standpunktes statt, die positive Kraft des Bösen erhält in der Freiheitsschrift einen anderen Ursprung: Allenfalls widersetzt sich Schelling hier wie dort der Auffassung des Bösen als Beraubung und der Freiheit als Willkür. Die Lehrsätze, die in der Identitätsphilosophie gelten, können unberührt, unversehrt bleiben unter der veränderten Erhellung: „Sein Handeln ist sein Seyn selbst, und sein Seyn sein Handeln" (VI 548); „Daß es ein in uns vor der Erkenntnis unabhängiges Handeln gibt, oder, daß ein solches geglaubt wird, dies eben ist die erste *Sünde*" (VI 556); „Religiosität bedeutet [. . .] keineswegs eine Wahl zwischen Entgegengesetztem, wie man bei der Freiheit des Willens annimmt [. . .] sondern die höchste Entschiedenheit für das Rechte, ohne Wahl" (VI 558); „Das ursprünglich Böse liegt also gerade darin, daß der Mensch etwas für sich selbst und aus sich selbst seyn will [. . .]" (VI 561). Derartige Sätze können ohne Gewalt verpflanzt werden. Gewiß geschieht eine Wandlung, sie kommt vom mächtigen Eingriff des Wollens her (wodurch Handeln als Wollen und Wille bestimmt wird); gleichfalls ändert sich die Vorstellung Gottes als absolute Totalität und lauterste Harmonie durch die Einführung der Begriffe von Leben und Persönlichkeit; aber die Form besteht.

Wie dem auch sei, dadurch, daß er den lebendigen Begriff der Freiheit als Vermögen des Guten und Bösen verkündet, tritt Schelling endgültig in die Schar der Freiheitsphilosophen ein, derjenigen, die den freien Willen ins Herz der Freiheit und des Menschen einpflanzen: Augustinus, Cartesius, Kant, Fichte, Baader, später Jules Lequier, Berdiaeff, Sartre . . . Der Blitz der Entscheidung leuchtet auf, reißt in der Anschauung einen Abgrund auf. Vielleicht ereignet sich dies bei Schelling unabsichtlich; er wird noch länger ringen, um die Freiheit κατ'ἐξοχήν vom Zauber der Notwendigkeit zu lösen, den Riß im *rocher de bronze,* also im Erz der Welt zu vernehmen.

Denn ein Kampf, ein Streit der Mächte macht äußerlich und innerlich das Faszinierende der Schrift aus, die Hans Urs von Balthasar das „titanischste Werk des deutschen Idealismus“ nennt: der Ansturm neuer Gedanken und Wörter gegen den erhabenen Gedankenpalast des Eins und Alles. Balthasar fährt fort: „Hier findet Schelling auch im Stil ganz sich selbst, das Platonisch-Liturgische und Esoterische (am reinsten im Bruno) steigert sich zur Unerbittlichkeit und ehernen Geschlossenheit der Visionen der Johannes-Apokalypse. Schelling deduziert nichts mehr, er *schaut* die innere Geschichte Gottes mit dem steinernen und unwidersprechbaren Blick einer Sibylle. In *diesem* Blick gewinnt die unexistentielle Schau Schellings endlich eine wirkliche, eigene Existentialität.“[6]

Gerade deswegen ist die Freiheitsschrift eine Übergangsschrift. Spinoza wird beurlaubt. Schelling versucht, auf einen Ansatz der Entwicklung im früheren Werk hinzuweisen. Er erwähnt eine ziemlich unklare Unterscheidung zwischen Existierendem und Grund von Existenz in der „Darstellung meines Systems“ von 1801. Die häufige Verwendung des Wortes Grund in den umgebenden Philosophien (Jacobi, Fichte) und in der seinigen erlauben, an einer Voraussicht zu zweifeln, der Sinn ist kategorial[7]. Andererseits wucherte in der Identität ein „göttliches Chaos“ der Formen und Dinge, eine „verworrene Fülle“ (VII 146). Prägnant ausgedrückt: „Gott ist die gleiche ewige Nacht und der gleich ewige Tag der Dinge [...] ein stetes ruhiges Wetterleuchten aus unendlicher Fülle“ (VII 162). Noch ist das Wort Existenz[8], oft mit Unendlichkeit gleichgesetzt, besonders relevant. Wo das Begriffspaar Grund–Existenz im Zusammenhang mit der Schwerkraft wieder auftaucht[9], geschieht es vorübergehend und ohne Nachdruck. Erst unter

---

[6] H. U. v. Balthasar, Apokalypse der deutschen Seele, Bd. 1: Der deutsche Idealismus, Salzburg-Leipzig 1937, 240.
[7] Vgl. VII 216 f.
[8] Vgl. VII 183, 188, 199, 213.
[9] Vgl. VII 227–229.

dem Einfluß Böhmes und selbstverständlich dem Drang der Probleme ist der Grund sozusagen in den Vordergrund gerückt. Er nimmt die Eigenschaften der „Natur in Gott“ an, er kristallisiert die Elemente, die die Kehrseite des Systems bildeten, heraus, die Schwere, das Dunkle, die Nacht, das wallende Meer des Werdens. Grund und existierender Gott sind in einem gegenseitigen Verhältnis, einem Kreis: Der innere Grund der Existenz geht dem *actu* Existierenden vorher, aber der *actu* Existierende ist selbst das Prius des Grundes. Also im Grunde der Gottheit, nicht im Selbst, befinden sich die vergänglichen Dinge.

Um das Wesen des Grundes bzw. den Grund des Wesens näher zu bezeichnen, beruft sich Schelling auf Anthropomorphismen, die aus der Bildersprache Böhmes herrühren. Der Grund ist Begierde, Sehnsucht, dunkler Wille, „Ahndung“ des Verstandes (VII 359). Die Sehnsucht ist Sehnsucht, das Eine zu „gebären“. Aber die Geburt der Sehnsucht selbst ist das Regellose, das Irrationale, die Finsternis, der Schoß, „ein wogend wallend Meer“ (VII 360). Was steckt hinter den Bildern? Die anthropologische Beschreibung spiegelt ein theologisches Original wider. Sie dient zur Entzifferung des theokosmogonischen Prozesses. Dieser Prozeß setzt dramatisch in der anfänglichen Natur durch die „Scheidung der Kräfte“ an, d. h. der dunkle Grund zieht sich zusammen und das Licht des Verstandes bricht aus. Zwei Prinzipien also – bei Böhme sind es drei – erwirken die Entfaltung der Schöpfung. Der Schöpfungsprozeß geht „auf eine innere Transmutation oder Verklärung des anfänglich dunklen Prinzips in das Licht“ (VII 362).

Die Darstellung des Naturprozesses ist nur ein Vorspiel. Die eigentliche Aufgabe betrifft das Problem des Bösen. Das (künftig) Böse hat schon eine Wurzel in den finsteren Seiten der ursprünglichen Natur. Aber der Ursprung des Bösen gehört notwendig zur Selbstheit, zur Egoität, in die ihn Böhme vertrieben und Fichte durch den gewaltigen Streich der Tathandlung des Ichs versiegelt hat. Die Bedingung der Erscheinung des Bösen – wir verweilen immer noch auf der Ebene der Möglichkeit – ist also zweierlei: eine Erhebung oder Erregung des Partikularwillens außer dem Grunde oder dem „Centro“ (Böhme), eine Erhebung, die selbst eine Verrückung des Grundes zugleich voraussetzt und veranlaßt; ist doch das Böse eine positive Verkehrung, wie Krankheit und Fieber, keine einfache Negation – zweitens eine absolute oder persönliche Einheit, die allein den Abfall, die Trennung der Prinzipien ermöglicht. Dabei kritisiert Schelling sich selbst, indem er den reichen Begriff der Persönlichkeit den abstrakten, bloß dienstbaren Begriffen des Unendlichen und Endlichen entgegensetzt.

Dahinter steht das Dogma der Ursünde, in theosophischem Gewand, aber bislang hatten wir nur mit der Modalität der Möglichkeit zu tun. Die wahre Bewährung und Feuerprobe der Untersuchung ist indessen die Wirklichkeit des Bösen. Das Böse kommt aus dem Willen, fängt mit ihm an, das Böse geht dem Bösen nicht vorher. Es gibt keine vorgängige Sollizitation durch einen schon abgefallenen geschaffenen Geist[10], keinen Luzifer. Wir sind auf die Prinzipien verwiesen. Nun birgt auch der Grund oder die Natur in Gott einen Willen, eine Selbstheit, wofür die geschaffene Natur zeugt. Dieser Wille wird erregt, gleichzeitig mit der notwendigen Selbstoffenbarung der Liebe; und in dem erregten unabhängigen Leben des Grundes liegt eine Präformation des Bösen und ein Nährboden: der Urgrund zur Existenz[11], die Natur Gottes im Unterschied zu dem Herzen. Aber das Leben des Grundes ist noch nicht die Wirklichkeit des Bösen selbst, wenn dieses auch sein Verhängnis ist. Nun heißt es, den transzendentalgeschichtlichen Ort der Erscheinung des Bösen zu bestimmen. In diesem Sinne verzichten wir auf eine Ursünde, als *peccatum originans*. Der Abfall wird in eine Geschichte gleichsam eingebettet, er geht hervor mit dem Leben des Grundes, ohne sich ganz mit ihm zu vermengen. Also fällt die gipfelnde Erscheinung des Bösen mit der leibhaften Selbstoffenbarung Gottes (der Menschwerdung), die Auflehnung der Finsternis mit der Offenbarung

---

[10] Vgl. VII 375. Für den vorhergehenden Passus vgl. 370 f.
[11] Vgl. VII 378.

des Lichts zusammen. Eine unerwartete Ansicht! Hier benützt Schelling Vorstellungen, die schon in der „Methode des akademischen Studiums“ und in „Philosophie und Religion“ vorkamen, wie übrigens auch in Fichtes „Grundzügen des gegenwärtigen Zeitalters“: goldenes Zeitalter, Zeit der Unschuld und Bewußtlosigkeit, saturnischer Äon – Zeit der Helden und Weisen, der Götter und Künstler, mythologisches Zeitalter – Entartung des Lebensgrundes, Darbung der schönen Götterleiber, Verfall und Chaos wie am Anfang[12]. Das herrliche Wort: Nur Persönliches kann Persönliches heilen, betont die Zusammengehörigkeit von Bösem und Offenbarung. Aber was den bösen Willen anbetrifft, sind wir auf der Stelle geblieben. In der Tat läßt sich die (allgemeine und persönliche) Entscheidung zum Bösen nur außer aller Zeit erklären. Die christlich-geschichtliche Einkleidung verbrämt den Kampf des guten und des bösen Prinzips, wie er in der kantischen Vernunftreligion herausgestellt wird. Die anschließende Berufung auf das Radikalböse liegt auf der Hand.

Ebenfalls kreisen wir um die Positionen von 1804. Aber wie großartig, wie ergreifend erneuert Schelling die bekannte Thematik! Die Angst des Lebens treibt zur Flucht, zur Abkehr vom Centro, der Lebensblick im Herd der göttlichen Natur wird zur verzehrenden Flamme, der Sirenengesang erschallt[13]. Ein Verhängnis, eine Notwendigkeit begleitet das Umgreifende des Bösen. Dennoch ist Schelling nicht bereit, die Freiheit aufzugeben. Jene Notwendigkeit ist Freiheit κατ᾽ἐξοχήν. Was der Mensch ist, ist seine Tat. Wie er sich macht, hat er sich gemacht. Die Wahl des Bösen (wie des Guten) ist eine Urwahl, die keine (willkürliche) Wahl ist, ein unzeitlicher, intelligibler Akt, der dem intelligiblen Charakter entspricht. Eine ewige Entscheidung bestimmt sogar den Modus der „Corporisation“ (VII 387). Das Anstößige der Lehre von der Prädestination wird gebannt, indem die notwendige Entscheidung freie Selbstentscheidung ist; der

[12] Vgl. VII 379.
[13] Vgl. VII 381.

Mensch ist selbst der Wille und selbst das Fatum (wir erinnern an Karl Moor). Deshalb erwähnt Schelling vorübergehend auf eine bestrickende Weise das „Meteorische" des Bösen.

Es besagt nicht, daß eine Bekehrung oder „Transmutation" wenigstens hienieden ausgeschlossen ist: aber falls sie stattfindet, ist sie latent in der Hieroglyphe der Urtat. Die Untersuchung hat eine Grenze erreicht. Sie kehrt zur Erscheinung des Bösen im Menschen zurück, verläßt also die dialektische Erörterung. Dieser letzte Teil, der wunderbare Formulierungen enthält, bringt nicht viel Neues, abgesehen von der Rechtfertigung der Indifferenz als Ungrund; Wiederholungen lassen sich nicht vermeiden. Aber diesmal treffen wir keine Spur mehr der milden unschuldigen Entwicklung des Grundes. Die Untersuchung ist regressiv. Die Ursünde, *peccatum originans,* nicht *originatum,* wird erörtert und der böse Geist, der „umgekehrte Gott" tritt auf (VII 390). Plato, die Genesis und Böhme werden herangezogen, doch behält die transzendentale Reduktion die Oberhand, d. h. die Schilderung fußt auf der Auflöslichkeit des Bandes der Prinzipien im Menschen (im Urmenschen). Nicht minder fesselnd ist die Beschwörung des Schreckens des Bösen, wie auf der anderen Seite die „göttliche Magie" des Guten mit dem herrlichen Entwurf eines sittlichen Lebens[14].

Die bündige Ablehnung einer *creatio ex nihilo* hat Schelling gezwungen, eine Art Analyse der Gottheit vorzunehmen oder den Menschen, das böse Prinzip und Gott zu verschmelzen; mit dem Risiko, Gott zu dämonisieren und den Menschen zu vergöttlichen. Um dem vorzubeugen, ist der Naturgrund eine wertvolle Hilfe. Gott ist Persönlichkeit und Leben, und nicht weniger Notwendigkeit. Seine Selbstoffenbarung oder Schöpfung ist eine Tat, die Tat seiner notwendigen Freiheit, eine moralische Tat, die Selbstmitteilung seiner Persönlichkeit – eine erhabene Spontaneität. Im Grunde dagegen steckt der einzige Urtypus der wirklichen Schöp-

[14] Vgl. VII 391–394.

fung (die durch Scheidung, Regulierung usw. geschieht)[15], im Naturgrund Gottes quillt auch die Schwermut, „die allem endlichen Leben anklebende Traurigkeit, die tiefe unzerstörliche Melancholie alles Lebens“ (VII 399). Aber sie dient zum Triumph der Freude, wie die „aktivierte Selbstheit“ „zur Schärfe des Lebens“ (VII 400). Gut und Böse gehören zu *einem* Wesen, nur verschieden betrachtet. Das Böse ist das verdorbene Gute.

Es scheint, daß Schelling mit dem Satze der Unvermeidbarkeit des Bösen[16] ins Fahrwasser der Tradition zurückkommt und das Mysterium Iniquitatis etwas mildert. Der Eindruck wird durch die Teleologie des Bösen bestätigt, die allerdings die tiefe Vorstellung „eines menschlich leidenden Gottes“ (VII 403) einschließt. Das Böse wird allmählich verschlungen, es bleibt als Schlacke, caput mortuum. Es gibt keine Apokatastasis, aber das Böse wird zur Potenz zurückgebracht und sein Nichtsein erklärt. Was vielleicht nicht ganz mit dem gleichzeitig erwähnten Hunger und Durst übereinstimmt. Hier zeigt sich eine gewisse Verlegenheit über den Zustand der Hölle.

Das Ende der Schrift ist ein größtenteils gelungener Annäherungsversuch zwischen dem Identitätssystem und dem hervorbrechenden System der Freiheit, wobei die Indifferenz des Absoluten als Ungrund und Untiefe der Liebe wiedergetauft wird. Es läßt auch vermuten, daß die Philosophie Schellings zu einer Odyssee des Geistes anhebt, die – trotz des Rufs zur Natur – zur Überlieferung und Geschichte führt. Als rückwärts gekehrte Propheten wissen wir, daß die Odyssee zwar ohne Hast, aber auch ohne Rast durchlaufen wurde.

Zusammenfassend sind noch jene Probleme zu nennen, die im großen Wurf der Freiheitsschrift Fragen offenlassen: das Böse ist Prinzip, ungeschaffen, wenngleich kein formeller Dualismus entsteht – die abgewiesene Schöpfung aus Nichts

---

[15] Vgl. VII 398.

[16] Vgl. VII 403 („Damit also das Böse nicht wäre, müßte Gott selbst nicht sein“).

trägt dazu bei, daß Gott mit dem Schatten des Bösen verwachsen ist – die Freiheit ist letzten Endes nicht abgründig, nicht „entgründet“, an ihr haftet Notwendigkeit – die Ursünde duldet getrennte Erklärungen, die Heilsgeschichte ist dem Werden des Grundes koextensiv, und die Ursünde ist keine Erbsünde, oder sie ist die Urtat und der strafende Zorn Gottes – der Prozeß ist ein Verhängnis und doch ein Vorgang der Sühne und Lossprechung Gottes – der Übergang der Möglichkeit zur Wirklichkeit ist undurchdringlich. Aber der ungeheure Gewinn ist das Verhältnis des Bösen zu Gott. Trotzdem mußten die Ratlosigkeiten, auf die wir hingewiesen haben, Schelling unbefriedigt lassen. Er hat das mühsam eroberte Land kaum abgesteckt.

VI. Das Weltalter-Programm und die Spätphilosophie

Von Harald Holz

1. Die Philosophie, die sich um den Begriff der Weltalter konzentriert, stellt zusammen mit den Gedanken der Freiheitsschrift von 1809 das wesentliche Dokument der sog. mittleren Phase der Schellingschen Denkentwicklung dar. Wie wir durch die Nachforschungen von H. Fuhrmans wissen, hatte sich Schelling in mehreren aufeinander folgenden Entwürfen immer wieder von neuem um eine endgültige Fassung des ihn bewegenden Anliegens bemüht; so liegen uns heute außer der letzten und umfangreichsten Fassung von 1813/14 noch drei andere voraufgehende Fassungen vor, die allerdings nur einen Teil der ursprünglichen Entwürfe ausmachen[1]. Die besondere Schwierigkeit, der sich Schelling bei der Ausarbeitung der Weltalterphilosophie gegenübersah, lag in den besonderen Absichten, die er an dieses Werk knüpfte: Es sollte sich in der Form – und zwar sowohl der Sprache wie auch der eigentlich begrifflichen Darstellung nach – erklärtermaßen um eine *Popularphilosophie* handeln, die aber dem eigentlichen Gehalt nach gleichwohl die zentralsten und tiefsten Ideen behandeln sollte, die er in diesem Zeitraum sich zum Thema gewählt hatte.

Mit dieser zweifachen Absicht stellt sich von der Sache her dieses Denken in eine gewisse Parallele zu grundlegenden Intentionen einer jeden, philosophischer Reflexion grundsätzlich fähigen, universalen Weltanschauung; denn auch hier geht es ja darum, einen an sich, d. h. seiner Transzendenz zufolge hochabstrakten Gehalt in einer Form zur Dar-

[1] Vgl. *1.12*.

stellung zu bringen, die der Menschheit in der Mehrzahl zugänglich ist und von ihr ohne übermäßige Schwierigkeiten angeeignet werden kann[2]. Dies entspricht im übrigen vollkommen der ausdrücklichen Absicht Schellings selbst, der mit diesem Werk nicht nur seiner eigentlich abstrakten oder reflektiven Thematik nach die Grundlinien einer im strengen Sinne „praktischen" Philosophie legen wollte, sondern darüber hinaus damit *praktisch* in einer besonderen Bedeutung sein wollte: Seine Philosophie sollte die mehr oder weniger enge Esoterik reiner Vernunfttheoretisation verlassen und unmittelbar sozusagen massenwirksam werden. Das Mittel dazu war die spezifische literarische Darstellungsart, wodurch auch der schwierigste Inhalt doch der Mehrzahl der Rezipienten faßlich werden sollte[3]. Damit hatte er sich nicht geringe Schwierigkeiten, außer auf eigentlich inhaltlichem Gebiet, auf dem der Propädeutik aufgebürdet; denn das Problem, das sich erhob, war, einen streng philosophischen Gehalt auf die Art und Weise möglichst großer Anschaulichkeit auseinanderzulegen, m. a. W. *mythologisch* vorzugehen, ohne doch dem Inhalt – und zwar gerade in seiner begrifflichen Schärfe – Gewalt anzutun. „Mythos" in des Wortes ursprünglichster Bedeutung, nämlich „Erzählung", sollte somit das ideelle System werden, das Schelling in dieser Zeit, mit den Spekulationen „über das Wesen menschlicher Freiheit und die damit zusammenhängenden Gegenstände", sich zu erarbeiten begonnen hatte[4]

[2] Vgl. z. B. den Brief an Cotta vom 19. 8. 1814, in: 2.5, wo Schelling die Weltalterphilosophie als seine „Popularphilosophie" bezeichnet. Schon vorher hat er gegenüber Eschenmayer die Vermutung und Hoffnung geäußert, die Philosophie der Zukunft könne wohl nur durch eine neue Verbindung von Wissenschaft und Religion wirken, und allein dadurch sei eine Regeneration der menschlichen Zustände zu erhoffen (vom 5. 4. 1812, in: Plitt II, 304).

[3] Vgl. Anm. 2 und auch den Brief an Atterbom vom 28. 1. 1819 (Plitt II, 432).

[4] Vgl. den erwähnten Brief an Cotta sowie an Eschenmayer (Anm. 2). Die Weise der Erzählung hat insofern einen gewissen Vorrang, als nur das „Gewußte" im eigentlichen Sinne „erzählt"

Die Schwierigkeiten, die er allerdings wohl erst im Laufe der Zeit in ihrer ganzen Schwere einsehen lernte, umfassen jedoch noch mehr: Mit dem Grundcharakter einer „Erzählung“ war nämlich nicht nur das Problem zu lösen, wie man modern gesprochen in ein und demselben literarischen Unternehmen dem Ziel einer Mythologisierung wie auch zugleich der Entmythifizierung Genüge tun sollte: vielmehr galt es, das tiefer liegende sachliche Problem zu bewältigen, wie das Zentrum der ganzen philosophischen Veranstaltung, das mit dem Terminus der „Weltalter“ einigermaßen vage umschrieben war, nach seinen vielfältigen Bedeutungs- und Sinndimensionen hin begrifflich gefaßt werden sollte bzw. mußte. Das Absolute an sich und als solches – was immer dies sein möchte – mußte in einer hinreichend eindeutigen Beziehung zum Absoluten, zur Absolutheit des Menschen analysiert werden, diese Absolutheit des Menschen aber mußte ihrerseits hinreichend in ihrer spekulativen, d. h. erkenntnistheoretischen, ontologischen und ethischen Autonomie geklärt sein, um jene Beziehungen überhaupt sinnvoll in den Griff bekommen zu können. Damit aber war weiter gegeben die Frage nach dem Eigencharakter des Absoluten innerhalb einer ursprünglich transzendental-theoretisch im Kontext der Kantischen und Fichteschen Philosophie begonnenen Denkrichtung: War es sinnvoll, innerhalb theoretischer Reflexion von einem „An-sich“ des Absoluten und seiner Erkenntnis zu reden, und wenn ja, in welchem Maße war hier für menschliche Vernunft Erkenntnis gegeben, möglich, notwendig? Ferner, mußte dies Absolute sich nicht auch, sofern bei einer solchen Beziehung zwischen seiner und menschlicher Wirklichkeit eine wesentliche Differenz anzu-

werden kann bzw. auch muß: Vgl. VIII 199. – Im übrigen läßt sich auch aus einer späteren Äußerung Schellings auf seine damalige Problemsituation rückschließen, so etwa im Brief an Cotta vom 20. 6. 1833, wo Schelling sich über das Ergebnis eines „zwanzigjährigen Nachdenkens“ äußert; in den gleichen Themenkreis aber gehört die Äußerung gegenüber Cotta vom 29. 3. 1833, wo ausdrücklich das System der Weltalter mit einer Philosophie der Mythologie in Verbindung gebracht wird.

setzen war, den spezifischen Artikulationsweisen menschlichen Wesens proportional verhalten, und wenn ja, mit welcher inneren Notwendigkeit, und wie weit war hier diese Analogie zu treiben? – Eine solche Proportionalität aber, sollte oder mußte sie sich nicht wesentlich auf die Grundartikulation menschlicher Vernunft als theoretische und sittlich-praktische Vernunft erstrecken, d. h. auf Intellektivität und willentliche bzw. wollentliche Freiheit[5]? Mußte dann nicht vielleicht auch die nicht intellektive Artikulation menschlicher Wirklichkeit, also seine Materialität, in irgendeiner Weise – analog oder dialektisch oder sonstwie – im Wesen eines so konzipierten Absoluten eine gewisse Entsprechung haben? Wiederum, setzte dies aber nicht die Klärung der betreffenden konstitutiven Verhältnisse im Wesen des Menschen, nämlich zwischen Geistigkeit und Leiblichkeit, voraus?

Die Ausformung dieser und ähnlicher Fragen, hatte sich für Schelling keineswegs zufällig, etwa durch gelehrte Studien der Ideengeschichte, oder gleichsam willkürlich ergeben, etwa im Zuge eines immer wieder von neuem einsetzenden spekulativen Experimentierens, sie betraf vielmehr die Kernzone seines philosophischen Fragens[6]. Schon jetzt aber sieht man die Schwierigkeiten, die auftauchen, wenn versucht wird, auf derart komplexe, hochabstrakte, einen wesentlichen Teil der Fragen der klassischen Tradition abdeckende, aber zugleich die neue und neueste zeitgenössische Entwicklung der Philosophie einarbeitende Fragen eine Antwort zu geben, die nicht nur inhaltlich dem Anspruch exakter Reflexion, sofern Philosophie wissenschaftlich betrieben wird[7], genügt, sondern zugleich auch der philosophisch ungebildeten überwältigenden Mehrzahl der Menschheit einen neuen Sinn vor Augen stellt. – „Erzählung“ im Sinne der Be-

---

[5] Zur weiteren Beschäftigung mit diesen und ähnlichen Fragen hinsichtlich der Weltalterphilosophie vgl. H. Holz, *4.18*, bes. I. Teil.

[6] Vgl. VII 334 f., ferner die ganze Einleitung in die „Weltalter“, und dort bes. wieder VIII 205 f. sowie noch *4.18*, 59 ff.

[7] Vgl. *4.18*, 62 ff., 72 ff.

deutung eines veranschaulichenden *„Schematismus"* war also der zunächst von Schelling in Angriff genommene Ausweg: Nicht nur wurde dadurch eine Kategorie der Kantischen Vernunftreflexion auf die (man könnte sagen) „darstellende Philosophiegeschichte der Gegenwart" übertragen – wobei es offenbleibt, ob Schelling sich dieser Transformation des Kantischen Systemstücks bewußt war[8] –; vielmehr drückte sich darin auch das zentrale inhaltliche Anliegen wie auch die entsprechende Problematik dieser seiner Konzeption aus: Es ging darum, einem über reine transzendentale Funktionalität an Geltung hinausgreifenden Absoluten das menschliche Gegenstück entgegenzustellen bzw. – quasi gegenläufig dazu – einem erweiterten und vertieften Begriff des Menschen, der Leiblichkeit und Voluntarietät (als Vernunftfreiheit) sich integrierte, das proportionale Absolute in einem Verhältnis der *Polarität* entgegenzusetzen, – wobei wiederum sich für Schelling die Frage nach der Form von Einheit und Viel-Einheitlichkeit eben dieses Verhältnisses erhob[9]. Damit kam einem solchen Absoluten ein höheres Maß an Objektivität zu, als dies vorher in seinen Entwürfen wohl möglich war. Zugleich aber erschien eben dies Absolute auch wiederum in einer spezifischen Beziehung zum Menschen gesetzt, und zwar nun zum Menschen als einem in seiner Tota-

---

[8] Man wird dabei freilich nicht übersehen, daß „Erzählung" im strengen Sinn für Schelling (noch) nicht zur Debatte steht: Schellings Schrift über die Weltalter versteht sich, jedenfalls in der reifsten Fassung von 1814 als eine Art Propädeutik, als „Vorbereitung" der wahren philosophischen Darstellung, die alles Bisherige überbieten soll. Dem „Erzähler" muß somit der „Forscher" vorausgehen (vgl. VIII 206).

[9] Zu dieser Frage, die sein Philosophieren von Anfang an bestimmt hatte, äußert sich Schelling beispielsweise in diesem Zeitraum gelegentlich wie beiläufig – allerdings so, daß man dies durchaus als Selbstinterpretation nehmen darf – im Brief von Ostern 1811 (Plitt II 249 f.) und später noch vom 14. 1. 1812 (Plitt II 281) an Georgii: Es geht sowohl um die Einheit der vollständigen Natur, und so auch des Menschen mit dem göttlichen Absoluten, als auch darum, daß die Individualität nicht (innerhalb des Christentums als dem höchsten Punkt eben dieser Einheit) ins Allgemeine aufgelöst werde.

lität – als Leib-Geist-Willens-Ganzheit – vom absoluten Wert erfaßten Wesen. M. a. W. zugleich mit der spekulativen Komplexheit sowohl des Absoluten wie auch des Menschen war eine Dimension in den Blick getreten, die sich nicht anders denn als Geschichtlichkeit bezeichnen läßt, freilich eine solche, die weniger in der empirisch leibhaftigen, sondern eher in der wollensmäßig konkreten Sinnhaftigkeit von Existenz ihr Zentrum hatte. Damit also ließ sich aber nunmehr mit Fug und Recht über diesen ganzen Themenkomplex nicht nur spekulativ reflektieren, sondern es lagen in ihm gleichzeitig auch die Bedingungen, von ihm „erzählen" zu können[10]. Und ebenso wird verständlich, daß in eben diesem Kontext dann auch von bestimmten *Zeiten*, freilich in einem spekulativen Sinn, gesprochen werden kann: Zeit, Zeitlichkeit, als spekulativ bestimmte, vermag zur Grundkategorie des universalen Prozesses des empirischen und intellektiven Kosmos zu werden; freilich wiederum auch nicht so, als ob damit empirische Zeitlichkeit zum allbestimmenden Modell dieses Konzeptes geworden wäre. Vielmehr geht es gerade um „intellektive" Zeitlichkeit: dies meint der Begriff der „Weltalter" oder der des *Äons*[11]. Man sieht demnach, wie sehr sich sowohl inhaltsreflektorische als auch literarisch wirkungsmäßige Elemente hier durchdringen und sich freilich wechselseitig, in ihrer Problemhaftigkeit beschweren.

Es bleibt allerdings die Frage, warum und wozu nun Schelling zu dieser Zeit einerseits so grundlegenden Wert auf „Popularphilosophie" legte und sich andererseits dazu ein so überaus kompliziertes und schwieriges Thema wählte, letztlich noch ungeklärt. Andeutungen sind freilich schon gegeben worden[12]. Wie natürlich kamen hier mehrere Beweggründe zusammen: Einmal war es gewiß der Verlauf seiner

---

[10] Zum Begriff der Geschichte bei Schelling vgl. *4.18*, 123 ff.
[11] Vgl. ebd.; Zu „Äon" vgl. insbes. Register, 500.
[12] Es ist nützlich, sich der voraufgegangenen Fichteschen popularphilosophischen Bemühungen zu erinnern: an die Schrift „Über die Bestimmung des Menschen" von 1800, die verschiedenen Vorlesungen über den „Gelehrten" von 1794, 1805 und 1811, die „Anweisung zum seligen Leben" von 1806, und schließlich die „Re-

bisherigen philosophischen Entwicklung, die Schelling nunmehr im Bereich der eigentlich praktischen, und d. h. auf Ethik, oder besser: Ethizität, hin gehenden Reflexion auf möglichst umfassende, das meinte aber dann in diesem Kontext auch unmittelbar in der geschichtlichen Wirklichkeit wirksame systematische Darstellung ausgehen ließ. Inneres Motiv war sicherlich auch, im Zuge der mit der Französischen Revolution eingeleiteten Bewegung die *Revolution* der Denkungsart, die ideell mit Kants Kritizismus eingesetzt hatte, weiter und womöglich zu ihrem Ende zu führen[13]. Noch genauer war es in diesem Zusammenhang die Ersetzung des Christentums, der christlichen Religion als der bisher wirksamsten Macht in der menschlichen Geistesgeschichte, durch einen neuen Status der Vernunft: Die Folge sollte sein, daß sich die Weltgeschichte vom gegenwärtigen Zeitpunkt an in einer anderen Richtung bewegen würde. Wir

---

den an die Deutsche Nation“ vom gleichen Jahr. – Es mag scheinen, daß die in eben diese Zeit fallende, durch die napoleonischen Eroberungen in die Wege geleitete Integration Kerneuropas in die gesellschaftliche, politische und ideelle Ordnung der Französischen Revolution für die zeitgenössische Generation der deutschen (heute würde man sagen) „Intellektuellen“ und hier wiederum gerade ihrer genialen Vertreter als starke Herausforderung gewirkt hat, die zunächst mehr vordergründig verlaufende Auswirkung der großen Revolution zu allgemein menschlicher Bedeutsamkeit auszuweiten. Dies konnte nur auf dem Wege einer – freilich auf Praxis sich hinorientierenden – Philosophie geschehen.

[13] Vgl. bei Kant, „Streit der Fakultäten“, II, Nr. 6 (Ak.-Ausg. VII 85 ff.), Meiner (Hamburg) 1959, 84–86. – Für Hegel vgl. bes. v. J. Ritter, Hegel und die Französische Revolution, Frankfurt a. M. 1965, bes. Nr. 3 (18 ff.); sowie noch, auch im Verhältnis zu Schelling, D. Henrich, Hegel im Kontext, Frankfurt a. M. 1971; Historische Voraussetzungen von Hegels System, bes. 56 ff. u. ö. Schellings Stellungnahme zu dem nämlichen Thema findet sich einigermaßen zusammengefaßt in dem kurzen Stück „Über das Wesen deutscher Wissenschaft“ von 1811 (VIII 1–18) sowie in der Vorrede der „Allgemeine(n) Zeitschrift von Deutschen für Deutsche“ von 1813 (VIII, bes. 140–144); ferner noch speziell zu Schellings Verhältnis zu Kant im Kontext der Französischen Revolution vgl. den Nachruf: Immanuel Kant (1804), VI 3–10, bes. 4.

wissen von Fichte, aber aus dem größeren Tübinger Kreise auch von Hölderlin und Hegel, wie dies Motiv auf Schelling gewirkt hat[14].

Das Besondere nun, das mit dem Schellingschen Entwurf der Weltalterphilosophie gegeben ist, ist dies, daß, mitbedingt durch eine mannigfache eigene, biographische „Rezeptionsgeschichte“, auf die hier einzugehen nicht der Ort ist, die Stellung und Einschätzung des Christentums sich gewandelt hat. Ursprünglich bekanntlich zum Theologen bestimmt und zu großen Hoffnungen auf diesem Felde berechtigend, machte Schelling mit seiner schon sehr frühen Wende zur Philosophie eine relativ lang anhaltende Phase der „Säkularisierung“ durch, deren Etappen uns als die verschiedenen Stadien oder Entwicklungsschritte seines Denkens von 1795 bis etwa 1804/06 in Gestalt der transzendental-, natur- und identitätsphilosophischen Entwürfe vorliegen[15]. Dabei ist der Beginn dieses Weges bekanntlich durch eine ziemlich radi-

---

[14] Vgl. außer der genannten Lit. noch die allgemeineren Darstellungen und Hinweise bei R. Kroner, *4.21;* N. Hartmann, *4.3;* W. Lütgert, *6.10;* zum Ganzen noch allgemeiner H. Korff, Geist der Goethezeit, Leipzig 1923–1927; ferner noch die Arbeiten von G. P. Gooch, A. Stern, J. Droz, H. Popitz, R. Koselleck u. a. zur Rezeption der Französischen Revolution im zeitgenössischen Deutschland, zit. in: Die Revolution des Geistes, hg. von J. Gebhardt, München 1968, 155 Anm. 10 und 11 (zu: Goethe, von Th. Stammen).

[15] Der schon 1795 bekannte Schritt zum „Spinozismus“ (im Brief an Hegel vom 4. 2.: Plitt I 76) war wohl der erste öffentliche Ausdruck von Schellings Abwendung von der offiziellen Christlichkeit. Einen originellen Entwurf hatte dann Schelling schon sehr bald im „Epikurisch Glaubensbekenntniß Heinz Widerporstens“ (vgl. Plitt I 89 ff., 282 ff.) vorgelegt, worin die Absage nicht nur an die Orthodoxie, sondern an christliche Religiosität überhaupt dichterisch erklärt wurde. Gleichwohl kann bei Berücksichtigung seiner theologischen Anfänge und der mit der „Freiheitsschrift“ einsetzenden Wende zur bestimmten christlichen Theologie sowie unter Anerkennung einer im wesentlichen ungebrochenen Linie der Schellingschen Denkentwicklung die Phase von 1795 bis etwa 1806 als originäre Aneignung klassischer und zeitgenössischer Geistphilosophie angesehen werden.

kale Ablehnung der christlichen Religion gekennzeichnet; Ideen im Anschluß an eine ideelle Weiterentwicklung der Französischen Revolution verbinden sich hier mit systematischen Interessen, die ohne Vorurteil an den sog. „atheistischen" Spinozismus anknüpfen[16]. Es war allerdings ein biographisch ebenso frühes, wenn nicht noch früher einsetzendes Element, das sich dann im Laufe der Jahre zu einem stets eindringlicheren Moment seines eigenen Denkens herausartikulierte, welches zunächst eher indirekt, dann aber schließlich auch recht unmittelbar den Anstoß zu einer tieferen, revidierenden Beschäftigung mit dem Christentum gab: die sog. platonistische, genauer noch: *neuplatonistische* Komponente, die es in Schellings Denken auf lange Strecken hin gegeben hat[17]. Es lag wohl nicht nur an der zeitlichen, sondern auch letztlich sachlichen „Verwandtschaft" oder Affinität zwischen diesem ideengeschichtlichen Komplex mit der ersten entfalteten Phase christlicher Theologie, nämlich dem patristischen Denken, daß Schelling dann im Anschluß an seine identitätstheoretischen Konzeptionen und noch folgerichtiger: im Anschluß an seine freiheitstheoretischen Interessen sich ausdrücklich, und diesmal mit durchaus positivem Ergebnis, *christlicher Spekulation* zuwandte.

Zwar sei auf einen möglichen Einwand hin sofort zugestanden, daß Schelling sich selbstverständlich, wie übrigens andere vor und nach ihm, z. B. Leibniz oder Hegel, mit Jakob Böhme oder auch kabbalistischen Schriften befaßt hat – freilich mit insgesamt doch z. T. sehr kritischen Resulta-

---

[16] So ist bemerkenswerterweise die Einschätzung etwa Spinozas durch den jungen Schelling fast durchweg positiver als z. B. diejenige von Leibniz, und zwar gerade auch, was den Begriff des Absoluten betrifft; vgl. H. Holz, *5.16*, bes. 272 ff.

[17] Zu diesem Komplex vgl. vom Verf. *4.18*, *5.3*, *5.16*. – Grundsätzlich kann noch angemerkt werden, daß allgemein zwischen einer einheitlichen originären Grundidee, die sich in mehreren Schüben entfaltet, und der Verarbeitung mannigfacher Anregungen und Einflüsse aus der Ideengeschichte überhaupt kein Widerspruch resultieren muß, eine Binsenwahrheit, die im Blick auf Schelling gelegentlich zu Zweifeln sowohl an seiner Originalität als auch an der Grundlinie seines Denkens geführt hat.

ten[18] –; doch zeigt schon die zuvor hier auseinandergelegte komplexe Problemlage, daß gleichsam der Anregungshorizont zur Lösung derartiger hochabstrakter Fragen neben manchem Zeitgenössischen sich vor allem aus einem neuplatonistisch-patristischem „Ideensyndrom" zusammensetzte[19]. – Gleichzeitig eröffnete sich hier noch einmal von einem etwas anderen Blickwinkel aus die Möglichkeit wie die Notwendigkeit, Philosophie auf dem Wege einer Integration grundlegender Probleme und Themen der (diesmal: christlichen) Religion zu einer ihrem Programm nach menschheitserneuernden Kraft weiterzuformen. Denn dies bleibt trotz aller Öffnung für Einflüsse von seiten theologischer Spekulationen: Der eigentliche konstitutive, d. h. hinsichtlich von Theorie und Praxis (in heutiger Ausdrucksweise) ein sinnerhellendes Denken erst ermöglichende, Boden ist nach wie vor die *autochthone Vernunft* als solche. Es handelt sich also bei den Weltalterspekulationen im eigentlichen Sinne durchaus um genuine *Philosophie*.

Man sieht leicht, daß die skizzierte Überfülle von Problemen es Schelling von Anfang an sehr schwer, wenn nicht unmöglich machen mußte, in überschaubarer Zeit ein auch seinen eigenen Anfangserwartungen entsprechendes Ergebnis zustande zu bringen. Philosophie als – transformierendes – „Gefäß" für eine erneuerte Religion, die sowohl nach der Seite der theoretischen Abklärung der letzten Grundlagen als auch nach der Seite einer auf Massenwirksamkeit hin orientierten Darstellung[20] hätte fungieren sollen, und dies derart, daß die allerwesentlichsten Gehalte der klassischen älteren metaphysischen und theologischen Tradition sachlich

[18] Vgl. z. B. *4.18*, die im Namensregister angeführten Stellen über J. Böhme.

[19] Es ist also unzutreffend, in dieser Zeit noch von einer ungebrochenen Vorherrschaft platonistischen Gedankenguts bei Schelling zu sprechen; vielmehr war von ihm z. Z. der „Weltalter" schon der bewußte Schritt zur älteren christlichen Theologie getan.

[20] Vgl. beispielsweise das Anliegen, die Schriften von Angelus Silesius oder Tauler zu studieren, auch im Hinblick auf die Sprache als Mitteilungsinstrument der neuen Konzeption: Plitt II 249.

mit dem durch die neueste und zeitgenössische Philosophie erreichten autonomen Boden zu vereinigen gewesen wären: dies alles zugleich in einem einzigen und dabei relativ handbuchartigen Werk vorzulegen, war einfachhin ein zu hoch gegriffenes Ziel, das der Sache nach von vornherein in dieser Weise nicht gelingen konnte. Was zunächst blieb, war eine umfangreiche ausgearbeitete Programmatik, ein erster systematischer Entwurf, der in sich eine Fülle von Ansätzen für weiterführende Überlegungen enthielt. Deren Einlösung hat erst die eigentliche Spätphilosophie gebracht. – Bedeutsam ist für die Geschichte des Deutschen Idealismus, daß uns neben Fichtes hier ein zweiter tief angelegter Versuch einer Wende zur ‚Popularität' vor Augen tritt, Philosophie aus dem Bereich reiner Spekulation ins Feld unmittelbarer Praxiswirksamkeit zu überführen, und dies durchaus mit einer revolutionären, wenn auch vermittels der Reflexion wirksam werdenden Motivation. Daß Schelling dabei als auf das nächstliegende auf die *Religion* als Zentralthematik – wenn auch, wie gesagt, in rational transformierter und integrierter Form – zurückgriff, wird am ehesten aus seiner bisherigen Denkentwicklung und deren spekulativen Schwerpunkten verständlich[21].

2. Das Denken Schellings in seiner letzten Phase, d. h. im wesentlichen von ungefähr 1820 an, als er nämlich definitiv auf eine Veröffentlichung der Weltalterspekulationen verzichtete[22], kann als Antwort und Lösungsversuch auf die Fragen der Freiheits-, bes. aber der Weltalterphilosophie angesehen werden. Das, was zuvor als ideengeschichtlich-systematisches bzw. auch, eingeengter, als neuplatonisch-patristisches „Syndrom" bezeichnet wurde, wird nunmehr nach seinen verschiedenen Artikulationsmöglichkeiten hin differenziert und sodann der Sache nach zueinander ins Verhältnis gesetzt. Der reformerische, in die menschliche Allgemeinheit

[21] Dies lag, zusammenfassend gesagt, am Charakter seiner Philosophie als einer transzendentalen Gesamt- und Einheitssystematik, die jedoch für Transzendenz niemals restlos verschlossen war.
[22] Vgl. oben Anm. 1–5.

und Öffentlichkeit wirkende Zug erscheint dabei aufgegeben: Philosophie tritt wieder auf der ganzen Breite mit streng *wissenschaftlichem* Anspruch auf, und dies gilt gerade auch für die neu thematisierten Arbeitsbereiche der Mythologie, der Religions- und Dogmengeschichte. – Insbesondere die in der Weltalterkonzeption der systematischen Disposition nach nur unzureichend geschiedenen Bereiche einer im strengen Sinn durchgeführten Prinzipienreflexion der theoretischen und praktischen, d. h. sittlichen und mythologischen Vernunft, und einer eigenen, auch ideenhistorisch weit ausgreifenden Theoretisation der Mythologie des alten Orients, Indiens, Ostasiens, Griechenlands, der spätantiken Mysterienreligionen, ferner der Weltreligionen des Islam, des Buddhismus und Hinduismus, schließlich dann eine die zentralen dogmatischen Gehalte des Christentums in die philosophische Betrachtungsweise einbeziehende und einformende neue Theorie des Christentums, dies alles wird nunmehr ausdrücklich je für sich abgehandelt. Fehlt dabei auch eine äußerlich auf den ersten Blick aufscheinende Stoffdisposition im einzelnen, so lassen sich doch aus dem gesamten Material, so wie es uns heute vorliegt, ohne weiteres traktatähnliche Zusammenhänge aufzeigen, die sich den soeben genannten Themenkreisen charakteristisch zuweisen lassen[23].

Die hier verfolgte Betrachtungsweise orientiert sich im wesentlichen an der zuvor schon angeführten Frage, die für uns vom Interesse her einen gewissen Primat hat: In welcher Weise nun Schelling nach Aufgeben einer popular-wirksam entworfenen Philosophie gleichwohl deren sachliches Anliegen beibehalten und systematisch entfaltet hat. Selbstverständlich wird sich dabei ein selektives Vorgehen für uns nicht vermeiden lassen. – Diese Wirksamkeit freilich wird wiederum nicht nur nach Art eines literarischen Erfolgs bei dem je angemessenen Publikum, also hier den philosophisch

[23] Vgl. zum Ganzen *4.18*, bes. II. Teil. Das Verdienst, als erster durch keine irrationalistischen Vorurteile behindert die Spätphilosophie Schellings erfaßt zu haben, kommt bekanntlich W. Schulz zu *(5.37)*; W. Kasper schloß sich dieser Auffassung an *(5.35)*.

Gebildeten, oder auch vermittels einer eigenen Schulrichtung, also durch Heranerziehung einer jüngeren Generation von Philosophen in der eigenen Gedankenwelt, konzipiert, sondern mehr auf die Weise eines Wirkens von seiten des vorgetragenen Ideengehalts gewissermaßen an sich selbst erwartet[24]. Das Ziel ist immer noch nichts Geringeres als die *Neubegründung* der bis dahin am wirksamsten gewesenen ideellen Kraft der abendländischen Geschichte, des Christentums, aus dem Fundament. Da mit dieser Um- und Neuformung der Schellings Ansicht nach zentralen Kraft im menschlichen individuellen und sozialen Leben, der Religion, in der Folge eine entsprechende fundamentale Umformung auch der gesamten menschlichen Praxiswirklichkeit beansprucht ist, wird von Schelling für seine Spätphilosophie durchaus konsequent von seinem Boden aus weltgeschichtliche Relevanz reklamiert; dies wenigstens indirekt, denn daß mit einer direkt empirisch feststellbaren, sogar etwa institutionell oder organisatorisch faßbaren Wirkungsgeschichte in absehbarer Zeit nicht zu rechnen war, sah der alte Schelling selbst ein[25].

Die Bewältigung der anstehenden Fragen wird von zwei Seiten aus angegangen: Einmal setzt Schelling an im Feld der *Empirie,* und zwar genauer bei dem schon erwähnten religionswissenschaftlichen und theologiegeschichtlichen Material. Daß es sich hierbei um einen eigenen, prinzipientheoretisch vollgültigen Ansatz handelt, wird nicht nur aus der allgemeinen systematischen Disposition klar, sondern auch aus dem besonderen Begriffspotential und seinen Strukturen. Letztlich ist es die gesamte sog. „positive" Philoso-

---

[24] Vgl. den erwähnten Brief an Cotta vom 29. 3. 1833, wo Schelling sich über die Disposition seiner derzeitigen Philosophie äußert; vgl. ebenso den Brief vom 20. 6. 1833.

[25] Dies legte sich schon durch die Absicht nahe, mit dieser seiner eigenen Philosophie das mittlerweile durch Hegels Veröffentlichungen und seine Berliner Lehrtätigkeit etablierte „Hegelsche System" zu überwinden; vgl. u. a. die Briefe an Chr. H. Weiße vom 6. 9. 1832 (Plitt III 63) und vom 3. 11. 1834 (Plitt III 98 f.).

phie, die sich aus diesem Ansatz entwickelt. So kann mit vollem Recht die eine Seite der Schellingschen späten Systematik als mit der Idee des Aposteriorischen, der *Aposteriorität* in einer exemplarischen Gestalt, befaßt charakterisiert werden. Daß dies selbstverständlich wiederum in einer systematischen Form der Reflexion, d. h. also in einer wissenschaftlichen und ferner der philosophischen Reflexion (zumindest im nachhinein) fähigen Form, geschieht, eröffnet uns einen weiteren Blick auf das Grundgefüge dieses Philosophierens. Schon jetzt ist vorweg zu sagen, daß man in diesem Kontext ohne die Unterscheidung zweier Ebenen oder zweier Perspektiven sowohl von Aposteriorität als auch von Apriorität nicht auskommt[26]. – Die andere Seite charakterisiert sich durch einen Ansatz innerhalb der Sphäre der sich selbst, und gerade in ihrer Prinzipienfunktion als transzendentaler Letzthorizont des Denkens, erfassenden *Vernunft.* Diese Sphäre erscheint gekennzeichnet durch operative Evidenz des Denkens als prinzipialer Letztinstanz von Geltung und Ordnungsrelationen überhaupt. Vernunft appliziert sich in ihrer Funktion als Prinzip ursprünglich auf sich selbst und demonstriert so der philosophischen Reflexion den Zusammenfall von intelligibler Ersterfahrung und der Notwendigkeit prinzipialer *Apriorität*, die sich in unmittelbar konkludenten Einsichten erweist[27].

Mit dieser Aufhellung der selbst- und letztbegründenden Funktion von Vernunft überhaupt verbindet sich des weiteren sachlich ein ethisches Moment: Vernunft als grundlegender Freiheit fähiges Vermögen erweist sich damit unter einer

[26] Gemeint ist einmal intelligible reine Gesetzmäßigkeit a priori, wie z. B. im Identitätssatz (als Satz vom notwendigen Widerspruchausschluß) exemplarisch ersichtlich, sowie eine allgemeine Gesetzmäßigkeit a priori, die aber in der Anwendung auf Erfahrungsgegebenheiten ihren funktionalen Sinn hat, z. B. in der Naturbetrachtung oder auch in der Ethik. Zum anderen ist es die Erfahrung der Vernunft selbst als von etwas „Gegebenem" (und nicht nur als „reiner Setzung"), sowie der sinnhaft strukturierten Erfahrung in der Ethik.

[27] Vgl. *4.18*, II. Teil, bes. das II. und IV. Kapitel (194 ff. und 325 ff.).

etwas veränderten Sicht als *intelligibler Wille*; darin überschreitet Vernunft wesentlich auch den Verstand[28]. Wille nun als der Inbegriff der sich selbst aus eigener Vollzugsmöglichkeit vollbringenden Vernunft, sofern sie einerseits durch die Polarität von Endlichkeit und Unendlichkeit konstituiert und andererseits durch den Ausgriff auf aktuale Unendlichkeit im Rahmen eben dieses Verhältnisses charakterisiert werden kann, ein solcher Wille als Inbegriff von vernunftvoll strebendem Selbstvollzug ist für Schelling die Grundbestimmung des *Geistes* als solchen. Ein derartiges Verhältnis gilt dabei grundsätzlich als konstitutiv für endliches (oder nur relativ unendliches) wie auch für schlechthin unendliches intelligibles Wollen, also für den menschlichen wie auch für den göttlichen Willen. Nur sind jene die Absolutheit grundlegenden Ursprungsrelationen beide Male gegensinnig verschieden: Das eine Mal resultiert aus diesem Verhältnis ein unendliches Streben bzw. Streben nach dem Unendlichen als Besitz[29], das andere Mal zeigt sich als Quasi-Resultat ein unendlicher Vollzug als Besitz seiner selbst, aber derart, daß Besitz und Vollzug verschiedene Momente von unterschiedlichem Absolutheitscharakter beinhalten; als quasi-relative sind letztere wiederum durch den sog. „Außenbezug" des schlechthin Absoluten, letztlich aber durch dessen reine Möglichkeit – als innerhalb des Absoluten grundgelegt – bedingt[30].

[28] Es ist also keineswegs so, daß Wollen als solches in der Rangfolge geringerwertig wäre als reine theoretische Intelligibilität, im Gegenteil: vgl. bes. *4.18,* II. Teil, II. Kap. § 7, 8 (238 ff.), IV. Kap. § 4 (355 ff.) und das VI. Kap. § 1–3 (438 ff.).

[29] Dies weist auf sehr frühe Konzeptionen in den Schellingschen systematischen Überlegungen hin, so etwa in den „Philosophische(n) Briefe(n) über Dogmatismus und Kritizismus" von 1795. Doch ist nunmehr, im Gegensatz zu jener frühen Phase seines Denkens, die Vermittlung von Endlichem und Unendlichem durch einen vertieften Begriff der Absolutheit des endlichen wie unendlichen Subjekts gelungen. Vgl. auch *4.18,* II. Teil, III. und V. Kap. („Schellings Lehre von Gott") und Kap. VI („Freiheit als philosophisch-theologischer Grenzbegriff").

[30] Die in der klassischen Metaphysik Gottes übliche Unterscheidung von rein intellektiver und voluntativer Wesenscharakteristik

Die Schwierigkeiten einer zureichenden Verhältnisstruktur zwischen Apriorität und Aposteriorität, die zuvor als Problem philosophischer Methodik skizziert worden sind, erscheinen demnach nunmehr in dieser Sicht aufs Neue, nur jetzt unter mehr inhaltlicher Rücksicht als solche des Verhältnisses der Prinzipienmomente in der Konstitution desjenigen Verhältnisses, welches die Totalität des Miteinander von schlechthin Absolutem und seinem Anderen, d. h. dieser Welt und ihrer Mundaneität, ausmacht. Noch anders gewendet erscheint so das anfängliche Problem als Grundfrage nach dem konstitutiven Verhältnis mehrerer prinzipialer Polaritäten: sowohl innerhalb ihrer selbst wie auch dann insgesamt zueinander; die inhaltlichen Bestandsstücke wurden schon genannt und seien hier nur mit den Begriffen: Leiblichkeit – Intelligibilität, Sein – Geschichte, Vernunft – Wille, Denken – Freiheit, Streben – besitzender Selbstvollzug, reines Wissen – anschauliche Exemplarität (Mythos), menschliche und absolute oder göttliche Wirklichkeit erinnert[31]. Die Lösung dieser überaus komplexen Totalität als Einheit in der Vielheit liegt für Schelling darin, daß wie angedeutet der Zugang methodisch von zwei verschiedenen Grundansatzpunkten aus angegangen wird, und weiter, daß dieses *Schema* einer *korrelativen Gesamtform* unter den mannigfachsten Rücksichten – die jeweils durch die genannten Begriffspolaritäten dargetan werden – appliziert und durchgeführt wird.

Der absolute Vollzug Gottes bedeutet dann den differenzierten Zusammenfall von unmittelbarem allbesitzendem „Jetzt" und der Mitteilungsmöglichkeit an Anderes.[32] Wird

---

wird hier von Schelling – und zwar schon seit der Freiheitsschrift, noch mehr aber seit den „Weltaltern" – aufgenommen und im Sinn einer Theorie der Ermöglichung eines Nicht-Absoluten a priori im Absoluten selbst verwertet. Vgl. auch Anm. 29.

[31] Das Entscheidende ist, daß die Vermittlungskategorie, die im Begriff des actus purus in den Blick genommen ist, zugleich als personales und intersubjektives Konstituens fungieren muß: vgl. *4.18* Register.

[32] Vgl. etwa das 2. Buch der „Philosophie der Mythologie", 11. bis 20. Vorlesung, und das 2. Buch der „Philosophie der Offen-

dies letztere wirklich, so ist damit ursprünglich Heilsgeschichte konstituiert.[33] Diese aber enthüllt sich als der innere, und zwar konstitutive Sinn der gesamten Schöpfungsveranstaltung.[34] Gott selbst erscheint in seinem Selbstvollzug so als der differenzierte Zusammenfall prinzipialer Notwendigkeit seiner selbst und Ermöglichung wie auch Erwirklichung von Anderem, und dies Letztere wiederum derart, daß darin auch schon die Ermöglichung eines eschatologischen Zusammen von göttlichem und menschlichem Vollzug mitgesetzt erscheint.[35] Auf der Seite der menschlichen Vernunft wie des menschlichen Seins überhaupt aber folgt daraus, daß aus einer prinzipialen Ureinheit sich differenzierende Momente resultieren: Aktivität und Spontaneität, Passivität und Rezeptivität, wie sie jeweils anders im Denken und Wollen sich artikulieren; außerdem resultiert der damit gesetzte Prozeß einer Sich-Angleichung und eines Sich-Hin-Vollzie-

---

barung“, 13. bis 15. Vorlesung (bes. Vorlesung 13), ebenso im 3. Buch die 24. Vorlesung.

[33] Im weitesten Sinn ist darin die gesamte Religionsgeschichte und so auch die gesamte Mythologie integriert. Vgl. etwa im 2. Buch der „Philosophie der Offenbarung“, die 16. bis 18. Vorlesung und das ganze 3. Buch.

[34] Vgl. a. a. O. bes. die 33. und 36. Vorles., ferner *4.18,* das ganze V. Kap., bes. aber darin § 6 (Zur Beurteilung des frühpatristischen heilsgeschichtlichen Schemas oder des sog. ‚Ökonomismus‘: 368 ff., 424 ff.).

[35] Der eschatologische Bezug wird von Schelling gewöhnlich nur sehr im allgemeinen, d. h. abstrakt spekulativ behandelt. Eine ausgeführte Darstellung wie vergleichsweise zum Thema Schöpfung hat er nicht ausgearbeitet. Die Gründe dafür mögen in der Akzentuierung der Analyse der Genesis des (heute so) Gewordenen (des Christentums) liegen. Hier findet Schellings Spekulation auch und gerade, sofern man sie an ihrer ursprünglichen Absicht einer Reformierung des menschlichen religiösen und damit des allgemeinen Bewußtseins mißt, eine Grenze, die er nicht überschritten hat. Insofern zudem darin ein verborgener Primat von Philosophie als *Theoretik,* im Gegensatz zur *Praktik* und *Pragmatik,* liegen mag, wie sie uns Heutigen nach K. Marx geläufig sind, mag man auch bei Schelling, wie bei allen, die der reinen Theorie den Primat zuerkennen, noch von einer unvollkommenen Form der menschlichen Bestimmung sprechen.

hens menschlichen Wesens zum schlechthin Absoluten und zum absoluten selbstbesitzenden Eigenvollzug.[36] Dieser Prozeß differenziert sich des weiteren wiederum als Werde-Ablauf des mythologischen, des religiösen, des philosophischen, und schließlich des christlich-rationalen Bewußtseins.[37] Dabei stellen diese verschiedenen Differenzierungen funktional gesehen nichts anderes dar als ein systematisches Instrumentarium, das innerhalb des Schellingschen Gesamtsystems eine sehr ähnliche Aufgabe zu erfüllen hat wie innerhalb der Kantischen Systematik der reinen Vernunft beispielsweise der Schematismus.[38]

In dieser umfassendsten Konzeption wird Schelling in fundamentalen Gefügebezügen nicht hinreichend eindeutig bzw. bleibt ein unreflektierter problematischer Rest: So wird beispielsweise das Verhältnis von Göttlichem zu Menschlichem, insonderheit das von transzendentaler Produktivität menschlicher Vernunft und von absoluter oder ontologischer Produktivität der schlechthinnigen Transzendenz Gottes (als des schlechthinnigen Ineinsfalls von Wissen und Wollen, Urvernunft und Freiheit), in seiner formalen Struktur nicht restlos geklärt. So bleibt weiter der theogonische Prozeß des menschlichen Bewußtseins und die konstitutive Funktion eben dieses Bewußtseins letztlich in einer ge-

[36] Vgl. Anm. 31 mit den Hinweisen auf den actus purus als einen Zentralbegriff.

[37] Vgl. das 1. Buch der „Philosophie der Mythologie“ 1. bis 6. Vorlesung, ferner im 1. Buch „Einleitung in die Philosophie der Mythologie“, die 6. bis 10. Vorlesung, ferner im 3. Buch der „Philosophie der Offenbarung“ die 24. und 25. Vorlesung.

[38] Der Unterschied in dieser Analogisierung ist natürlich wesentlich, nicht nur was den Umfang der jeweiligen Systematik betrifft, sondern auch den methodischen Zweck und die entsprechende Funktion. „Schematismus“ könnte man gleichwohl den Schellingschen Aspekt einer spekulativen Geschichtlichkeit nennen, insofern ihm die für das ganze System grundlegende Aufgabe der Vermittlung der letztkonstitutiven Prinzipien, d. h. hier insbesondere der sog. „Potenzen“ mit der tatsächlichen Geschichte als der Ingestalt menschlichen Seins (und damit des Seienden insgesamt) zukommt.

wissen Unbestimmtheit; gerade insofern damit einerseits ein mythologischer Schematismus einer gesamtgeschichtlichen Vernunft hinsichtlich ihrer Teleologie intendiert ist, und andererseits aber gerade in diesem prozessualen Bewußtsein Wesenscharakteristiken des wirklichen, schlechthin transzendenten Absoluten oder Gottes (nur) zur Erscheinung gelangen.[39] Vertieft kehrt dieser Gegensatz wieder z. B. im Verhältnis von sog. negativer und positiver Philosophie, und zwar unter der Rücksicht der *Erstkonstitution* durch ihre je relevanten Prinzipien, oder noch anders formuliert: der Erstkonstitution der reinen Vernunftphilosophie wie auch des systematischen Offenbarungsdenkens, sofern erstgenannte durch autonome und spekulative Reflexion, letztgenannte durch eine, die Erfahrung des Transzendenten thematisierende Reflexion konstituiert wird, und beide Pole sich wiederum implizit wechselseitig bedingen.[40] Angesichts dieser Ungeklärtheiten, die, wie gesagt, letztlich auf eine mangelnde Reflexion der formalen Systematik eben dieser und verwandter Grundstrukturen hinauslaufen,[41] wird man den entscheidenden Ansatz zu einem widerspruchsfreien Verständnis der Gesamtkonzeption wohl nur dann finden, wenn man sich entschließt, als Fundamentalbegriff, oder besser: als leitende Zentralidee des Ganzen eine besondere *Dynamik* anzusetzen, die es dann erlaubt, besagte mannig-

---

[39] Das Verhältnis Mensch – Gott ist gewiß die Zentralfrage des späten Schelling. Das Besondere ist, daß bei ihm dies Thema unter dem Doppelaspekt einer Einbeziehung sog. „klassischer" Positionen der Philosophie- (und Theologie-)Geschichte wie der Entwicklung eines neuen, der Tendenz nach personalistisch orientierten Entwurfs angegangen ist. Zum Fragmentarischen dieses Versuchs vgl. *4.18,* bes. die beiden Exkurse 338 ff. und 464 ff.

[40] Hier erscheint der Ansatzpunkt für die sog. existenztheoretische Interpretation Schellings, die bes. von P. Tillich, *8.5;* G. Marcel, Schelling, fut-il un précurseur de la philosophie de l'existence? in: Rev. de Mét. et de Morale 62 (1958) 72–82; K. Jaspers, *4.4,* und W. Schulz, *5.37,* vertreten worden ist.

[41] Dies mag letztlich seinen Grund darin haben, daß es Schelling nicht voll gelungen ist, die sog. „empiristisch emanzipatorische" Tradition etwa der westeuropäischen Aufklärung in sein Denken zu integrieren.

fache Polaritäten als jeweils durch ein methodisches wie auch systematisches *Zusammen* von *Korrelation* und *Koinzidenz* zu betrachten. Die ausdrückliche Reflexion dieser Thematik ist Schelling schuldig geblieben, doch wer wollte ihn darum tadeln?[42]

---

[42] Dies bleibt somit als Erbe und Aufgabe Schellingschen Philosophierens, die Tradition spekulativen Denkens, wovon er ein essentielles Stück darstellt, ohne Preisgabe ihrer eigentümlichen Prinzipien mit der zuvor genannten, auf Mundaneität und Erfahrung hingerichteten Tradition systematisch zu versöhnen.

VII. Die Selbstkritik des Apriorismus in der Philosophie Schellings

Von Christoph Wild

Der sogenannte Deutsche Idealismus hat in den letzten Jahren auch in der innerphilosophischen Diskussion weiter an Boden verloren. Wie vorsichtig man mit solchen Behauptungen über Trends in der Bewertung philosophischer Epochen oder auch Richtungen auch sein muß, so unleugbar scheint es, daß idealistische Argumente bzw. Argumentationsstrategien in der gegenwärtigen philosophischen Auseinandersetzung nicht „ziehen". Nur „rekonstruiert" oder „transformiert", d. h. in einen völlig veränderten Argumentationszusammenhang übersetzt, kann die Philosophie des Deutschen Idealismus in die gegenwärtige Diskussion eingreifen. Diese innerphilosophische Situation könnte die zeitlich verschobene Auswirkung der Einschätzung sein, die der idealistischen Philosophie von seiten sämtlicher empirischer Wissenschaften entgegengebracht wird. Nach dem Selbstverständnis der empirischen Wissenschaften muß der Begriff „Philosophie" im Kontext der großen spekulativen Systeme des Deutschen Idealismus geradezu zum Synonym von „Unwissenschaftlichkeit" werden. Das Schicksal des sogenannten Deutschen Idealismus entscheidet sich ohne Frage daran, ob es möglich ist, ihn in ein fruchtbares – was auch heißen kann: in ein kritisches – Verhältnis zur empirischen Forschung zu bringen. Falls dies nicht gelingt, wird die nachkantische, idealistische Philosophie in eine Rolle gedrängt werden, die der des Aristotelismus zu Beginn der Neuzeit ähnlich ist. Sie wird zum Gegenbild eines neuen „aufgeklärten" Wissenschaftsideals. Der Erfolg der Erfahrungswissenschaften macht diesen den Sieg über die spekulative Philosophie einfach, besonders in den

Disziplinen, die einen Vergleich der Ergebnisse dieser beiden Wissenschaftskonzeptionen zu erlauben scheinen, z. B. in der spekulativen Natur- und Geschichtsphilosophie Schellings oder Hegels.

Die Kritik an solcher Art von Philosophie konzentriert sich von seiten der empirischen Wissenschaften verständlicherweise auf deren Apriorismus und, damit zusammenhängend, auf deren Totalitätsanspruch, d. h., negativ ausgedrückt, auf den Verzicht, jede theoretische Behauptung, soweit nur irgend möglich, einer empirischen Überprüfung zu unterziehen. Eine Philosophie, die in ihren Aussagen dem Prinzip nach diesen Verzicht voraussetzt, setzt sich dem Vorwurf des Subjektivismus und letztlich des Irrationalismus aus.

Es wäre sicherlich falsch, den apriorischen, spekulativen Charakter der Philosophie des Deutschen Idealismus zu leugnen, und es wäre unklug, ihn „herunterzuspielen". Es muß jedoch darauf hingewiesen werden, daß in einem noch zu präzisierenden Sinn die Kritik am Apriorismus – verstanden als Verzicht auf empirische Überprüfung empirisch überprüfbarer Theorien – im Deutschen Idealismus selbst formuliert und geradezu als ein konstitutives Moment dieser Philosophie anzusehen ist.

Diese Wendung gegen den Apriorismus ist dem Deutschen Idealismus schon durch die Kantische „Kritik", die die Problemstellung der Fichteschen, Schellingschen und Hegelschen Philosophie vorstrukturiert, mitgegeben. Kants „Kritik der reinen Vernunft" richtet sich gegen den Apriorismus einer reinen Begriffsmetaphysik und deren erfahrungstranszendente und deshalb durch Erfahrung nicht kontrollierbare Behauptungen. Sie bestreitet der Philosophie das Recht, sich der empirischen Kontrolle zu entziehen und bindet sie an den Prozeß der empirischen Erkenntnis, in dem sie ihr allerdings die Aufgabe der Analyse der apriorischen Bedingungen der empirischen Erkenntnis selbst zuweist.

Auch das Konzept der Fichteschen „Wissenschaftslehre" beinhaltet die ausdrückliche Anerkennung der empirischen Forschung. Der begrenzten und abschließbaren Aufgabe der

„Wissenschaftslehre", nämlich den Grund aller Erfahrung als Selbstbewußtsein und Freiheit zu erweisen, ist das unbegrenzte Feld der empirischen Erkenntnis unter- bzw. beigeordnet. „Man hat also von einer erschöpfenden Wissenschaftslehre keine Gefahr für die ins unendliche fortgehende Perfektibilität des menschlichen Geistes zu besorgen, sie wird dadurch gar nicht aufgehoben, sondern vielmehr völlig sicher und außer Zweifel gesetzt, und es wird ihr eine Aufgabe angewiesen, die sie in Ewigkeit nicht endigen kann."[1]

Selbst im Falle Hegels, der noch am meisten Anlaß zu der Vermutung gibt, daß er die Empirie vernachlässige und verachte, ist es nicht schwer zu zeigen, daß es ihm in seiner Kritik am Empirismus bzw. am Selbstverständnis der empirischen Wissenschaft darum geht, zu verhindern, daß dieses Selbstverständnis für das Wissen als Ganzes ausschließlich bestimmend wird. Hegel anerkennt im Empirismus das „große Prinzip, daß, was wahr ist, in der Wirklichkeit sein und für die Wahrnehmung da sein muß". Ebenso ist für ihn „das wichtige Prinzip der Freiheit anzuerkennen, welches im Empirismus liegt, daß nämlich der Mensch, was er in seinem Wissen gelten lassen soll, *selbst* sehen, sich *selbst* darin *präsent* wissen soll".[2] Ebensowenig wie Kant und Fichte plädiert Hegel für den Verzicht auf das empirische Prinzip. Er kritisiert nur den Anspruch auf dessen absolute und ausschließliche Geltung und billigt ihm, anders ausgedrückt, nur eine beschränkte Bedeutung zu.

Bei Schelling ist, abgesehen von Kant, die Kritik am Apriorismus am deutlichsten ausgesprochen. Wenn auch bei Fichte und Hegel das Prinzip empirischer Forschung anerkannt wird, so bleibt doch diese empirische Forschung außerhalb dessen, was „Wissenschaftslehre" bzw. „spekulative Philosophie" genannt wird. Für die Philosophie und

---

[1] J. G. Fichte, Ausgewählte Werke, hg. v. F. Medicus, Bd. I, 195 (= Fichte-Akademie-Ausgabe, hg. v. R. Lauth und H. Jacob, Bd. I, 2; 137).

[2] G. W. F. Hegel, Enzyklopädie der philosophischen Wissenschaften im Grundrisse (1830), hg. v. F. Nicolin und O. Pöggeler, Hamburg 1959, 65.

ihre spezifische Aufgabe ist in der Sicht Fichtes und Hegels die empirische Methode völlig ungeeignet. Demgegenüber betont Schelling sowohl in seiner Früh- wie in seiner Spätphilosophie die Notwendigkeit eines empirischen Verfahrens in der Philosophie selbst.

Für die Naturphilosophie Schellings hat das Experiment konstitutive Bedeutung. Die naturphilosophische, zunächst apriorisch verfahrende Konstruktion, bleibt ohne experimentelle Bewährung unverbindlich. Das in der Deduktion Erschlossene muß „durch die Erfahrung bestätigt", „in der Erfahrung nachgewiesen" und durch sie „bewiesen" werden.[3] An dieser Funktion der Erfahrung in der Naturphilosophie ändert sich auch im Rahmen des Identitätssystems nichts. Die sogenannte Identitätsphilosophie Schellings unterscheidet sich von der ihr vorausgehenden Periode der Entgegensetzung von Transzendental- und Naturphilosophie dadurch, daß in ihr die entgegengesetzten Pole des Philosophierens[4], die Natur- und die Transzendentalphilosophie, von ihrem Einheits- bzw. Indifferenzpunkt, dem Standpunkt des Absoluten bzw. der Vernunft her dargestellt sind.[5] Auch in dieser Periode des sogenannten Identitätssystems beschreibt Schelling das Verfahren der Naturphilosophie als „Konstruieren der Erscheinungen durch das Experiment" (V 323).

In der durch die Schrift über „Das Wesen der menschlichen Freiheit" (1809) eingeleiteten zweiten großen Periode der Schellingschen Philosophie, der sogenannten Weltalter- und Spätphilosophie, gewinnt die Geschichte bzw. die geschichtliche Erfahrung eine der Naturerfahrung in der Früh- und Identitätsphilosophie entsprechende konstitutive Bedeutung für den philosophischen Beweisgang. Durch die Unterscheidung von „negativer" und „positiver" Philosophie bringt Schelling die methodische Relevanz des empirischen Bezugs auf die Geschichte zum Ausdruck. Die Philosophie

[3] Vgl. IV 17, 18, 23, 64, 66.
[4] Vgl. IV 108.
[5] Vgl. IV 114–116.

setzt in ihrem systematischen Gang ein als apriorische Reflexion auf den Grund des Wissens überhaupt; in dieser apriorischen Reflexion wird aber nur der Grund des „Wesens", nicht der Grund der „Existenz" des Wissens begriffen. Deshalb versteht sich diese Reflexion als bloß „negativ" und setzt die „positive" Philosophie außer sich, die von der negativen Philosophie deren ungelöstes Problem übernimmt und dieses in einer ihm gemäßen Methode löst. Schelling expliziert diesen methodischen Unterschied zwischen negativer und positiver Philosophie durch die formelhafte Gegenüberstellung von „Apriorismus des Empirischen" (negative Philosophie) und „Empirismus des Apriorischen" (positive Philosophie) (XIII 130). In der negativen Philosophie wird das empirische Wissen auf seinen apriorischen Grund, das „absolute Prius", hin analysiert, das als „absolute Freiheit" bestimmt wird; in der positiven Philosophie wird dieses absolute Prius durch seine empirische Erscheinung in der Geschichte als „Gott" begriffen. Durch diese als notwendig erkannte Öffnung des philosophischen Denkens auf die geschichtliche Erfahrung wird die Philosophie zu einem nie abschließbaren, immer fortschreitenden Erkenntnisprozeß, bleibt sie immer nur Philo-sophie.[6]

Die Philosophie Schellings ist von den Jugendschriften bis zur Altersphilosophie im Grundansatz apriorisch bzw. aprioristisch. Sie realisiert sich teils als transzendentale Reflexion, d. h. als Reflexion des Wissens auf seine es konstituierenden Formen und damit auf die Prinzipien allen materialen Wissens, teils als Spekulation, d. h. als Konstruktion bzw. Deduktion der gesamten Wirklichkeit aus einem als absolut begriffenen Prinzip, teils aus einer Verbindung von transzendentaler Reflexion und Spekulation. Es ist jedoch unverkennbar, daß Schelling von diesem philosophischen Grundansatz ausgehend die Punkte ausfindig zu machen sucht, wo sich das apriorische Verfahren zugunsten eines empirischen Verfahrens aufgeben muß. Schelling führt den Apriorismus durch dessen Selbstkritik über sich hinaus.

[6] Vgl. XIII 132.

Das empirische Verfahren, das von ihm gefordert wird, bleibt allerdings sehr eng gebunden an den Gedankengang, der es als notwendig erweist. Selbst für Schelling, der seine Kritik am Apriorismus – besonders in der Form, in der er ihn bei Hegel vorzufinden glaubt – am schärfsten ausspricht, erst recht für Fichte und Hegel, heißt Empirie, selbst in den Grenzen, in denen sie für notwendig gehalten wird, immer nur Empirie unter in apriorischer Reflexion ermittelten Prinzipien. Die Erfahrung wird nicht wahrhaft freigesetzt. So beschränkt sich eben, um dies an der Philosophie Schellings zu exemplifizieren, die Rolle der Erfahrung in der Naturphilosophie darauf, Ergebnisse der Deduktion zu bestätigen; auch in der positiven Philosophie hat die Erfahrung die im voraus bestimmte Funktion, das deduzierte Verlangen des Ich, daß das absolute Prius Gott sei, durch die Geschichte der Offenbarung als berechtigt und zugleich als erfüllt zu erweisen.

Die Einbeziehung der Erfahrung in die philosophische Reflexion und die entsprechende Einführung empirischer Verfahren in die philosophische Methodologie sind bei Schelling wie im gesamten Deutschen Idealismus überlagert von dem Systemgedanken. Auch die festgestellte Kritik am Apriorismus steht unter der Idee der Systemphilosophie. Die Philosophie als Ganze ist als System gedacht, da sie nur so den Anspruch, Wissenschaft oder sogar höchste Wissenschaft zu sein, stellen kann. Entweder ergeben sich nun – wie bei Fichte – aus einem abschließbaren System Prinzipien für die unabschließbare empirische Forschung, oder es stellen sich – wie bei Schelling – im System selbst Probleme ein, die nur empirisch zu lösen sind, was zur Folge hat, daß das System in sich selbst den Charakter der Unabschließbarkeit gewinnt. Eine Philosophie, die sich unter die Idee des Systems gestellt hat, kann in sich die Erfahrung immer nur in der durch den systematischen Gedankengang beschränkten Form zur Geltung bringen. Dies ist jedoch, vom Standpunkt der systematischen Philosophie aus gesehen, keine Beschränkung im negativen Sinn, sie wird vielmehr als notwendig und fruchtbar angesehen. Bei Schelling z. B. tauchen immer zwei Argumente für die Notwendigkeit der systematischen Eingrenzung und Vorstrukturierung der Erfahrung auf. Das erste Argument lautet: „Was rechte, was wirkliche Erfahrung sei, muß erst durch die Ideen bestimmt werden. Die Erfahrung ist wohl gut, wenn sie echte Erfahrung ist, aber eben ob sie das ist, und inwiefern, und was denn in der Erfahrung das eigentlich Erfahrene ist, ist die große Frage. So ist z. B. die Newtonsche Optik angeblich ganz auf Erfahrungen gegründet und nichtsdestoweniger in ihrer Grundansicht sowie in allen ihren weiteren Forderungen als falsch erkennbar, sobald man zuförderst die Idee des Lichtes hat" (V 230). Das zweite Argument besagt, daß erst die systematisch eruierten Prinzipien die Bedingung dafür schaffen, daß die empirische Forschung „an die Stelle ihres blinden Umherschweifens ein methodisches, auf ein bestimmtes Ziel gerichtetes Verfahren setzen kann" (V 323). Die Erfahrung bedarf – das ist also die These –, um Klarheit über sich selbst zu gewinnen, eines Kriteriums oder einer Regel, die sie nicht aus sich selbst entwickeln kann, sondern die ihr von einem vorgängigen systematisch gerechtfertigten Gedankengang vorgegeben werden muß. In welchem Rahmen die Erfahrung einbezogen wird und welche Erfahrung als solche Anerkennung verdient, wird selbst a priori entschieden. In dieser Hinsicht steht die Kritik am Apriorismus selbst unter den Bedingungen eines die Erfahrung umgreifenden Apriorismus.

Durch diese Einordnung der Empirie in einen apriorisch-systematischen Gedankengang unterscheiden sich die empirischen Verfahren im Rahmen der Philosophie des Deutschen Idealismus grundsätzlich von dem, was in der modernen Wissenschaftstheorie als empirische Methode bezeichnet wird. Wie groß auch die Unterschiede in der wissenschaftstheoretischen Interpretation der Struktur der Erfahrungswissenschaften sein mögen, so groß ist andererseits die Übereinstimmung darüber, daß eine Erfahrung bzw. eine erfahrungswissenschaftliche Theorie nur durch eine andere Erfahrung bzw. eine andere erfahrungswissenschaftliche Theorie beurteilt und kritisiert werden kann. Das Prinzip der empirischen Überprüfbarkeit von Theorien löst allerdings noch nicht das Problem der Auffindung von Theorien. K. R. Popper z. B. verweist dieses Problem in die Erkenntnispsychologie. Von den beiden Tätigkeiten des wissenschaftlichen Forschers, nämlich Theorien aufzustellen und zu überprüfen, ist nach Popper das Aufstellen einer Theorie „einer logischen Analyse weder fähig noch bedürftig".[7] Er ist deshalb auch der Meinung, „daß wissenschaftliche Forschung, psychologisch gesehen, ohne einen wissenschaftlich indiskutablen, also, wenn man will, ‚metaphysischen' Glauben an ‚rein spekulative' und manchmal höchst unklare theoretische Ideen wohl gar nicht möglich ist"[8]. Diese „oft phantastisch kühnen Antizipationen der Wissenschaft"[9] gewinnen jedoch erst an Wissenschaftscharakter, wenn sie in eine falsifizierbare Form gebracht werden, d. h. wenn eine empirische Entscheidung zwischen ihnen und anderen Theorien möglich ist. Das Verhältnis von leitender Idee und Erfahrung scheint in der „Logik der Forschung" Poppers genau umgekehrt konzipiert zu sein wie in der Philosophie Schellings. Für Schelling ist die Erfahrung das in sich Regellose, das der Kontrolle der systematischen Entwicklung der Ideen unterworfen werden muß. Für Popper ist, ganz im Gegenteil, die Entwicklung der Ideen in sich regellos und muß deshalb der empirischen Nachprüfung unterzogen werden.

Diese gegensätzliche Auffassung scheint wiederum in unterschiedlichen Theorien über die Möglichkeiten der Rechtfertigung theoretischer Aussagen begründet zu sein. In einem Fall scheint der systematische Zusammenhang, im andern Fall die Empirie das Kriterium für die Rechtfertigung abzugeben. Dieser Unterschied ist jedoch nur relativ und letztlich nicht entscheidend. Geht man zumindest vom Popper'schen Modell der dekutiven Überprüfung von Theorien aus, ist der Unterschied logisch kaum noch zu fassen. Popper beschreibt die Methode der kritischen Nachprüfung folgendermaßen: „Aus der vorläufig unbegründeten Antizipation, dem Ein-

[7] K. R. Popper, Logik der Forschung, Tübingen ^{3}1969, 6.
[8] A. a. O. 13.
[9] A. a. O. 223.

fall, der Hypothese, dem theoretischen System, werden auf logisch-deduktivem Weg Folgerungen abgeleitet; diese werden untereinander und mit anderen Sätzen verglichen, indem man feststellt, welche logischen Beziehungen (z. B. Äquivalenz, Ableitbarkeit, Vereinbarkeit, Widerspruch) zwischen ihnen bestehen"[10]. Sofern auch in der Schellingschen Natur- und Geschichtsphilosophie der Erfahrung eine entscheidende Funktion im philosophischen Beweisgang zuerkannt wird, besteht in der Frage der deduktiv-systematischen Überprüfung von Theorien kein grundsätzlicher Unterschied.

Der ausschlaggebende Unterschied findet sich vielmehr in den differierenden Erkenntnisinteressen. In den empirischen Wissenschaften geht es um die Erkenntnis von Gesetzmäßigkeiten im Verhalten erfahrbarer Gegenstände und entsprechend um angemessene Verfahren, solche Erkenntnisse zu überprüfen. Die Philosophie Schellings – und hier besteht kein Unterschied zwischen ihm und den beiden anderen Exponenten des Deutschen Idealismus – zielt auf die Selbsterkenntnis des Menschen, in der er sich einer in ihren Gesetzmäßigkeiten mehr oder weniger durchschauten Welt von Gegenständen gegenübersieht. Es ist klar, daß dieser Gegensatz von gegenständlichem und reflexivem Erkenntnisinteresse nicht absolut zu verstehen ist. Sich über sich selbst verständigen kann der Mensch nur über die Gegenstandserkenntnis und, umgekehrt, in jede Gegenstandserkenntnis fließen, bewußt oder unbewußt, reflexive Erkenntnisinteressen ein. Es ist jedoch möglich, daß ein Erkenntnisinteresse überwiegt. Die unterschiedliche Gewichtung der Erkenntnisinteressen hat aber zur Folge, daß das Ganze des Erkenntniszusammenhangs unter verschiedenartige Kriterien gestellt wird. Im einen Fall liegt das Kriterium in der systematischen Kohärenz der Theorien über die Gegenstandswelt, im anderen Fall in der systematischen Kohärenz des Selbstbewußtseins in sich selbst.

In der Konfrontation zwischen der spekulativen Philosophie des Deutschen Idealismus und der modernen empiri-

---

[10] A. a. O. 7.

schen Wissenschaft muß der grundlegende Unterschied in den Erkenntnisinteressen berücksichtigt werden. Nur dann läßt sich klären, ob sich die heute allenorts auftauchende Frage nach dem Selbstverständnis des Menschen gegenüber den Ergebnissen der Wissenschaften, falls sie als wissenschaftliche Frage gestellt und beantwortet werden soll, an dem Muster der System-Philosophie des Deutschen Idealismus orientieren soll. Wahrscheinlich ist die System-Philosophie als ein ungeeignetes Modell für die gegenwärtige Beantwortung dieser Frage anzusehen, vor allem dann, wenn unter „System“ der abschließende Beweis der in ihm zusammengefaßten Erkenntnis verstanden wird. Dann nämlich wäre mit der Darstellung eines Systems die Diskussion, die eine intersubjektive Verständigung ermöglichen könnte, sogleich abgebrochen. Schelling allerdings hat im Hinblick auf seine positive Philosophie einen anderen Begriff von System entwickelt. Er nennt die positive Philosophie in dem Sinne System, „wo man darunter ein Ganzes von Erkenntnissen versteht, dem eine ausgezeichnete Behauptung zugrunde liegt“ (XIII 133). Er bezeichnet die positive Philosophie als System, weil sie etwas behauptet und nicht weil sie etwas abschließend beweist. Wenn aber die philosophische Reflexion dadurch, daß sie sich als System darstellt, allererst den Charakter einer Behauptung gewinnt, dann wäre durch systematisches Philosophieren nicht das Ende, sondern erst die Voraussetzung dafür geschaffen, daß man durch die Diskussion von philosophischen Behauptungen zu einem Konsens über ein heute verbindliches Selbstverständnis des Menschen gelangt.

D. Anmerkungen zu Schellings Wirkungsgeschichte

I. Schellings Wirkung im Überblick

Von Annemarie Pieper

Es ist eine Eigentümlichkeit der Philosophie Schellings, daß sie nicht schulebildend gewirkt hat; es gibt keine erklärten „Schellingianer“ – jedenfalls nicht in dem Sinn, wie man etwa von Kantianern oder Hegelianern spricht. Gleichwohl ist es eine Tatsache, daß Schellings Denken in den meisten europäischen Ländern von nachhaltigem Einfluß auf einzelne Philosophen, Dichter, Naturwissenschaftler und Theologen gewesen ist, die Impulse des Schellingschen Philosophierens – insbesondere der Naturphilosophie, der Geschichtsphilosophie, der Ästhetik und der Freiheitsphilosophie – aufgegriffen und in eigene Überlegungen eingebracht haben[1]. Einer der Hauptgründe dafür, daß Schellings Philosophie so vielschichtig und vielseitig gewirkt hat, dürfte in der Faszination liegen, die Schellings Persönlichkeit auf seine Zeitgenossen ausgeübt hat und auch heute noch in seinen verschiedenen, nicht als in sich geschlossene Einheit faßbaren Systementwürfen spürbar ist. „Eine Schelling-Darstellung hat die größte Schwierigkeit an der Vieldeutigkeit dieses Mannes, die ihn zugleich so interessant macht. [. . .] Durch seine Größe wird er zu einem Urbild, in dem Genie und Zauberei eines werden. [. . .] Ihn zu studieren bedeutet, uns selber besser zu verstehen, weil er uns bleibende Möglichkeiten

---

[1] Vgl. K. Jaspers, *4.4,* 329: „Schelling hat vielfach gewirkt, auf Mediziner, Juristen, Theologen, Historiker, auf Dichter. Er gab Impulse und Sichten, nicht Methoden und Begriffe. Seine Wirkung ist daher nicht als Schelling-Schule faßbar.“

unseres Zeitalters zeigt: den Übergang von Größe in Gebärde, von Wahrheit in Absurdität, von heller Mitteilung in Magie."[2] In besonderer Weise wurde die Philosophie des späten Schelling einerseits für die sog. Existenzphilosophie und andererseits für jene philosophische Richtung relevant, die eine materialistische Umformung der Dialektik intendiert.

Schelling war nicht nur selbst zu seinen Lebzeiten bereits ein berühmter Mann, sondern kannte auch zahlreiche berühmte Persönlichkeiten: So studierte er im Tübinger Stift zusammen mit Hölderlin und Hegel und verkehrte später während seiner Lehrtätigkeit in Jena mit Goethe, Schiller, Fichte und dem Kreis der Romantiker, als deren Philosoph er galt.[3] In Berlin besuchten Sören Kierkegaard, Jacob Burckhardt, Friedrich Engels, Michael Bakunin und Friedrich Karl von Savigny u. a. die Vorlesung des alten Schelling. Das Denkmal, das ihm nach seinem Tode Maximilian II. in Bad Ragaz errichten ließ, ist ein Zeugnis der großen Verehrung des Schülers für seinen Lehrer.

Hegel, der im Tübinger Stift mit Hölderlin und Schelling das Interesse an der sich in der Französischen Revolution dokumentierenden Freiheitsbewegung einerseits und am humanistischen Ideal der Griechen andererseits teilte, hat vor allem Schellings *Naturphilosophie* gewürdigt, die er in seiner Abhandlung „Differenz des Fichteschen und Schellingschen Systems der Philosophie"[4] als Wissenschaft vom objektiven Subjekt-Objekt charakterisiert – im Unterschied zu der von ihm kritisierten Transzendentalphilosophie Fichtes als der Wissenschaft vom subjektiven Subjekt-Objekt.[5] „Dieß ist eins der Verdienste Schelling's, den Begriff und die

---

[2] A. a. O. 7.

[3] Informatives Material zu Schellings Leben und Werk bieten vor allem H. Knittermeyer *(4.20)* und R. Haym *(4.15)*.

[4] G. W. F. Hegel, Differenz des Fichteschen und Schellingschen Systems der Philosophie in Beziehung auf Reinholds Beiträge zur leichteren Übersicht des Zustandes der Philosophie zu Anfang des neunzehnten Jahrhunderts, 1. Heft 1801, in: Jenaer Schriften, hg. v. G. Irrlitz, Berlin 1972, 1–123.

[5] A. a. O. 89.

Form in der Natur eingeführt zu haben, den Begriff gestellt zu haben an die Seite der gewöhnlichen Verstandesmetaphysik."[6] Allerdings macht Hegel der Schellingschen Naturphilosophie den Vorwurf des Formalismus und der Einseitigkeit, da sie über der Darstellung der Natur die Philosophie des Geistes vernachlässigt habe.[7]

Auf Empfehlung Fichtes, der in Schelling einen Anhänger und Kommentator seiner Philosophie sah[8], setzte Goethe 1798 die Berufung Schellings nach Jena durch. Goethe interessierte sich lebhaft für Schellings Naturphilosophie wegen der von ihr behaupteten Einheit von Natur und Geist. So berichtet Friedrich Schlegel in einem Brief vom 26. 7. 1800 an seinen Bruder August Wilhelm, er habe ein langes Gespräch mit Goethe gehabt; „von Schelling's Naturphilosophie spricht er immer mit besonderer Liebe." Am 27. 9. 1800 schreibt Goethe an Schelling: „Seitdem ich mich von der hergebrachten Art der Naturforschung losreißen und, wie eine Monade, auf mich selbst zurückgewiesen, in den geistigen Regionen der Wissenschaft umherschweben mußte, habe ich selten hier- oder dorthin einen Zug verspürt; zu Ihrer Lehre ist er entschieden. Ich wünsche eine völlige Vereinigung, die ich durch das Studium Ihrer Schriften, noch lieber durch Ihren persönlichen Umgang, sowie durch Ausbildung meiner Eigenheiten ins Allgemeine, früher oder später, zu bewirken hoffe und die um desto reiner werden muß, je langsamer ich

[6] G. W. F. Hegel, Vorlesungen zur Geschichte der Philosophie (1805/06) in: Sämtliche Werke, hg. v. H. Glockner, Bd. 19, Berlin 1972, 673.

[7] Vgl. a. a. O. 679, 683.

[8] Vgl. J. G. Fichte-Briefwechsel, hg. v. H. Schulz, Leipzig ²1930, Bd. I, 481: Brief vom 2. 7. 1795: „Schellings Schrift [Über die Möglichkeit einer Form der Philosophie überhaupt] ist, soviel ich davon habe lesen können, ganz Commentar der meinigen. Aber er hat die Sache trefflich gefaßt." Fichte mußte 1798 wegen des Atheismus-Streits Jena verlassen. Er hat damals geäußert: „Es wäre doch schön gewesen, wenn ich mit Schelling noch so hätte fortarbeiten können; unsere Darstellung ist zwar verschieden, aber unser Geist ist eins; wenn mein Gang systematischer ist, so ist der seine um so genialer." (Plitt I 245).

zu verfahren, je getreuer ich meiner eigenen Denkart dabei zu bleiben genötigt bin."[9]

Schellings Naturphilosophie war es auch, die ihm nicht nur im Kreis der Romantiker Anerkennung verschaffte, sondern auch für die naturwissenschaftlichen Forschungen der damaligen Zeit von Bedeutung war. In den experimentell fundierten Einsichten Johann Wilhelm Ritters und Franz von Baaders in den galvanischen Prozeß als einer Wechselbeziehung zwischen organischen und anorganischen Naturabläufen[10] fand er seine systematischen Überlegungen hinsichtlich einer dynamischen Naturkonstruktion bestätigt. Am nachhaltigsten hat Schellings Naturphilosophie auf den aus Norwegen stammenden Henrik Steffens gewirkt, der sich von Jugend an für die Erforschung der Natur interessiert und auch geologische Studien betrieben hatte, aber keine systematische Ordnung in seine verwickelten Gedanken zu bringen vermochte. Als er Schelling in Jena hörte, war er tief beeindruckt und faßte voller Begeisterung den Plan einer „inneren Naturgeschichte der Erde".[11] Während er von Schelling lernte, seine Beobachtungen auf den Begriff zu bringen und zu systematisieren, geriet Schelling umgekehrt durch ihn in eine größere Nähe zur empirischen Naturbetrachtung, so daß die Freundschaft zwischen ihnen für die Ideen beider fruchtbar wurde.

Zwei weitere Anhänger der Schellingschen Naturphilosophie, die die Grundgedanken Schellings mit der naturwissenschaftlichen Forschung zu verbinden suchten, waren der Mediziner Lorenz Oken und der Physiologe Karl Friedrich Burdach.[12] Auch der dänische Naturwissenschaftler Hans

---

[9] Goethes Briefe, Hamburger Ausgabe in 4 Bänden, Bd. II, Hamburg ²1968, 408 f.

[10] J. W. Ritter, Fragmente aus dem Nachlaß eines jungen Physikers, 1810. Zu Baaders Auseinandersetzung mit Schelling vgl. „Über das pythagoräische Quadrat in der Natur oder die vier Weltgegenden", 1798.

[11] H. Steffens, Beiträge zur inneren Naturgeschichte der Erde, Erster (und einziger) Theil, Freiberg 1801.

[12] L. Oken, Übersicht des Grundrisses des Systems der Natur-

Christian Oersted, der Entdecker des Elektromagnetismus, machte 1801 auf seiner Reise durch Deutschland die Bekanntschaft Ritters und Schellings und verbreitete in Dänemark zusammen mit seinem Bruder Anders Sandø Schellings Naturphilosophie.[13]

Weitere Verbreitung vor allem in Belgien, Spanien und Südamerika fand Schellings Naturphilosophie durch seinen Schüler Karl Christian Friedrich Krause, der ein Vertreter des von ihm so genannten Panentheismus war und eine Synthese Kantischer und Schellingscher Gedanken versuchte.[14]

Nicht nur der naturphilosophische, sondern auch der *ästhetische* Aspekt der Schellingschen Philosophie hat bereits zu seinen Lebzeiten mannigfache Anregungen gegeben. August Wilhelm Schlegels Berliner Vorlesungen „über schöne Litteratur und Kunst“ (1801 ff.) schließen sich in ihrer Theorie des Schönen an die These Schellings, das Schöne sei das Unendliche, endlich dargestellt, an, und Schelling war davon so angetan, daß er 1802 an Schlegel schrieb, seine Ästhetik bereite ihm „unnennbares Vergnügen“. (Plitt I 408 f.) Zu den Hörern und Schülern Schellings, die seine Theorie des Schönen entfaltet, weiterentwickelt und auch kritisiert haben, gehören vor allem Friedrich Ast, Karl Wilhelm Ferdinand Solger und Martin von Deutinger.[15]

Aber nicht nur bei den Ästhetikern, sondern auch bei den Dichtern machte sich der Einfluß Schellingscher Gedanken

---

philosophie, 1803; K. F. Burdach, Die Physiologie als Erfahrungswissenschaft, 1826–40.

[13] H. Ch. Oersted, Der Geist in der Natur, dt. Leipzig 1854; und: Die Naturwissenschaft und die Geistesbildung, dt. Leipzig 1850. – Vgl. B. Dibner, Oersted and the Discovery of Electromagnetism, New York–London 1962.

[14] K. Ch. F. Krause, Das Urbild der Menschheit, 1811; und: Abriß des Systems der Philosophie, 3 Bde., 1825–28.

[15] F. Ast, Handbuch der Ästhetik, Leipzig 1805. – K. W. F. Solger, Erwin. Vier Gespräche über das Schöne und die Kunst. Nachdruck der Ausgabe Berlin 1807 zusammen mit Solgers Rezension von A. W. Schlegels „Vorlesungen über dramatische Kunst und Literatur“. Mit einem Nachwort und Anmerkungen hg. v. W. Henckmann, München 1971. – M. Deutinger, Über das Verhältnis der Poesie zur Religion, 1861.

geltend. So hat Jean Paul Friedrich Richter Schellings Begriff des Unbewußten aufgegriffen und in seinem letzten, unvollendet gebliebenen Werk „Selina" ausgeführt.[16] Einer der größten dänischen Dichter, Adam Oehlenschläger, wurde von den Brüdern Oersted, deren Schützling er war, mit der Philosophie Kants, Fichtes und Schellings bekanntgemacht, doch erst die Begegnung mit Henrik Steffens machte aus ihm eine Zeitlang einen überzeugten Anhänger Schellings und der deutschen Romantik, deren Aneignung seiner reichen Phantasie und seiner genialen Sprachbegabung zum Durchbruch verhalfen. In ähnlicher Weise durchlebte auch N. F. S. Grundtvig einen „Schelling-Rausch", der ihn zu seinen mythologischen nordischen Erzählungen inspirierte.[17] In England waren es Samuel Taylor Coleridge und William Wordsworth, die 1798 während ihrer gemeinsamen Deutschland-Reise u. a. auch Schelling hörten und dort empfangene Denkanstöße in ihre für die englische Romantik grundlegende Poetik mit einbrachten. Während Coleridge eine spekulative Verschmelzung von Philosophie und Theologie anstrebte, interessierte sich Wordsworth mehr für den Begriff der Natur, die er als nur geahnte, letztlich unaussprechliche zeugende Urkraft auffaßte.[18]

In die Zeit kurz vor und nach Schellings Weggang aus Jena (1803) fiel seine teils kritische, teils ins Polemische ausartende Auseinandersetzung mit Fichte und Hegel, die zum völligen Bruch mit dem ursprünglich hoch verehrten und bewunderten „neuen Helden, Fichte" (Plitt I 71) einerseits und

---

[16] Vgl. E. v. Hartmann, Philosophie des Unbewußten, 3 Bde., Leipzig [11]1904, 20 ff. Hartmann hat Schelling als den „Vater der idealistischen Ästhetik" bezeichnet, in: Die deutsche Ästhetik seit Kant, Leipzig 1886, 28.

[17] Vgl. dazu H. M. und W. Svendsen, Geschichte der dänischen Literatur, Neumünster 1964, 185, 192.

[18] Vgl. W. Greiner, Deutsche Einflüsse auf die Dichtungstheorie von Samuel Taylor Coleridge. Eine Untersuchung über den Einfluß von Tetens, Kant und Schelling auf Coleridge, Diss. Tübingen 1957. – E. D. Hirsch, Wordsworth and Schelling, A. Typological Study of Romanticism, New Haven 1960. – G. Marcel, Coleridge et Schelling, Paris 1971.

dem einstigen Studienfreund andererseits führte, der erst nach dem Erscheinen der „Phänomenologie des Geistes" (1807) Berühmtheit erlangte. Während Fichte die Naturphilosophie Schellings als Schwärmerei und Ausgeburt der Phantasie abtat,[19] richtete sich Hegels Kritik in der Vorrede zur „Phänomenologie" gegen Schellings Lehre von der intellektuellen Anschauung und der absoluten Indifferenz. Doch noch von anderer Seite widerfuhr Schelling harte Kritik. Seine 1807 gehaltene Rede „Über das Verhältnis der bildenden Künste zu der Natur", in welcher er der Natur ein göttliches Moment zuschreibt, hat Friedrich Heinrich Jacobi – den damaligen Präsidenten der Akademie der Wissenschaften in München – so entsetzt, daß er sich intensiv mit der Philosophie Schellings beschäftigte und eine Streitschrift gegen Schelling verfaßte mit dem Titel „Von den göttlichen Dingen und ihrer Offenbarung" (erschienen erst 1811). Darin wirft er Schelling einen nihilistischen und atheistischen Naturalismus vor, und Schelling, der sich auch hier zutiefst mißverstanden fühlte, antwortete 1812 voller Empörung mit der Schrift „F. W. J. Schellings Denkmal der Schrift von den göttlichen Dingen usw. des Herrn Friedrich Heinrich Jacobi und der ihm in derselben gemachten Beschuldigung eines absichtlich täuschenden, Lüge redenden Atheismus". Während die literarischen Zeitschriften den Streit zugunsten Jacobis entschieden,[20] ergriffen Baader, Steffens und Goethe die Partei Schellings.[21]

Im Wintersemester 1841/42 hörte Kierkegaard in Berlin Schellings Vorlesung über „Die Philosophie der Mythologie und der Offenbarung". Seine anfängliche Begeisterung

---

[19] Vgl. J. G. Fichte, Grundzüge des gegenwärtigen Zeitalters, 8. Vorlesung.

[20] Auch K. A. Eschenmayer, Professor der Philosophie und Medizin, der ursprünglich von Schelling beeinflußt war, sich aber später an Jacobi angeschlossen hatte (Die Philosophie in ihrem Übergange zur Nichtphilosophie, Erlangen 1803), wandte sich gegen Schelling: Sendschreiben an Schelling, 1813.

[21] Zum Streit zwischen Jacobi und Schelling vgl. W. Weischedel, *7.10.*

schlug jedoch sehr bald in tiefste Enttäuschung um. „Ich bin so froh, daß ich Schellings zweite Stunde gehört habe, unbeschreiblich. So habe ich denn doch lange genug geseufzt und haben die Gedanken in mir geseufzt; als er das Wort Wirklichkeit vom Verhältnis der Philosophie zur Wirklichkeit aussprach, da hüpfte die Frucht des Gedankens in mir vor Freude wie in Elisabeth." (Brief vom 22. 11. 1841) „Schelling ist im Äußern ein höchst unbedeutender Mann, er sieht aus wie ein Steuereinnehmer. [. . .] Schelling liest vor einem ungemein großen Auditorium. Er verficht die Auffassung, daß es zwei Philosophien gebe, eine negative und eine positive [. . .]" (Brief vom 18. 11. 41) „Schellings folgende Vorlesungen haben leider nicht groß was zu bedeuten." (Brief vom 16. 1. 1842) „Schelling schwätzt ganz unerträglich. [. . .] Ich bin zu alt, um Vorlesungen zu hören, ebenso wie Schelling zu alt ist, sie zu halten. Seine ganze Lehre über Potenzen verrät die äußerste Impotenz." (Brief vom Februar 42)[22] Trotz dieser harten Kritik verdankt Kierkegaards Theorie der Existenz dem von Schelling explizierten Begriff der positiven Philosophie die Einsicht, daß eine am konkreten Existenzvollzug interessierte Philosophie die Abstraktheit der als solche negativen Wesensphilosophie in einem eminent geschichtlichen Philosophieren überwinden muß.

Eduard von Hartmann hat eine dreibändige „Philosophie des Unbewußten" geschrieben, in der er sich ausdrücklich auf den Schellingschen Begriff des Unbewußten als den Angelpunkt seiner Überlegungen bezieht.[23] „Soll die Stellung meines Systems in der Geschichte der Philosophie kurz charakterisiert werden, so wird man sagen können: Dasselbe ist eine Synthese Hegel's und Schopenhauer's unter entschiedenem Übergewicht des ersteren, vollzogen nach Anleitung

[22] Vgl. S. Kierkegaard in Selbstzeugnissen und Bilddokumenten, dargestellt von P. R. Rohde, Rowohlts Monographien, Hamburg 1959, 70–74. – Vgl. auch A. M. Koktanek, *1.18;* W. Struve, Kierkegaard und Schelling, in: Orbis Litterarum X, 252–258; M. Theunissen, *7.8.*

[23] E. v. Hartmann, Philosophie des Unbewußten, a. a. O., Bd. I, VII.

der Principienlehre aus Schelling's positiver Philosophie und des Begriffs des Unbewußten aus Schelling's erstem System [...]"[24]. So sehr die „letzte Spitze" der Hartmannschen Metaphysik ihren Ursprung in Schellings positiver Philosophie hat, so sehr lehnt Hartmann jedoch „die theogonischen und mythologischen Künsteleien und Spielereien seines Alters ebenso entschieden ab, wie die naturphilosophischen Phantasien seiner Jugend" und versteht sich methodologisch als Gegner Schellings.[25]

Das durch Kierkegaard geweckte existentialistische Interesse an Schelling setzt sich im 20. Jahrhundert bei Martin Heidegger und Karl Jaspers fort. Heidegger befaßt sich mit „Schellings Abhandlung über das Wesen der menschlichen Freiheit (1809)",[26] die er für Schellings größte Leistung und eins der tiefsten Werke der abendländischen Philosophie hält.[27] Heidegger erschließt mit der ihm eigenen Interpretationskraft Schellings Philosophie als eine Freiheitslehre, die sich selbst als ein System der Freiheit zu begreifen versucht, in diesem Bemühen aber scheitert, denn „Der Begriff der Freiheit ist mit dem System überhaupt unverträglich. Wo dennoch eine Philosophie zum Aufbau kommt, die Philosophie ist, d. h. auf eine gegründete Einheit und Ganzheit des wesentlichen Wissens Anspruch macht [...], da muß sie die Freiheit leugnen."[28] Freiheit, sofern sie geschichtlicher Vollzug des Menschseins ist, entzieht sich dem vor-stellenden Begreifen, ist „wissendes Innestehen im Seienden im Ganzen".[29]

Jaspers bekennt im Vorwort seines Schelling-Buchs: „Mit Schelling habe ich seit mehr als dreißig Jahren philosophiert. [...] Durch Schelling begriff ich klarer, was Philosophie sei, und sah zugleich die Irrgänge."[30] Er würdigt die Philosophie Schellings als eine nicht bloß historische Gestalt der Philo-

---

24 A. a. O. XIV.

25 A. a. O. VII f.

26 Vgl. *5.18;* es handelt sich um eine von Heidegger im Sommersemester 1936 an der Universität Freiburg i. Br. gehaltene Vorlesung.

27 A. a. O. 2. 28 A. a. O. 26. 29 A. a. O. 196.

30 K. Jaspers, *4.4*, 9.

sophie, sondern als ein Denken, das als eminent geschichtliches unserer heutiges Selbstverständnis zutiefst angeht, da es auf Fragen der Weltdeutung und Existenzerhellung immer noch gültige Antworten bietet. „Schelling studieren, seine Wege und ihn selbst vergegenwärtigen, ihm in seinen großen Ansätzen folgen, ihn in seinen Zaubereien durchschauen, ihn aus seinen Grundstimmungen und Denkungsarten uns ansprechen lassen, das bedeutet in ungewöhnlichem Maße: in Möglichkeiten und Gefahren gegenwärtigen Philosophierens zu gelangen. Schellings Realität, sein reiches Denkleben, seine Weise des Sichgebens ist nicht Vorbild zur Nachfolge, aber Urbild von modernen Möglichkeiten."[31]

Der Einfluß Schellings auf eine weitere Wissenschaft – die Theologie – ist ebenfalls unverkennbar. Bereits die katholische Tübinger Schule des 19. Jahrhunderts (J. S. Drey, J. A. Möhler, F. A. Staudenmaier und J. B. Kuhn) hat sich in Auseinandersetzung mit Schelling und Hegel um eine Erneuerung der Theologie und des gesamten deutschen Katholizismus bemüht.[32] Bemerkenswert ist auch der Einfluß der Schellingschen Spätphilosophie auf die russische Religionsphilosophie, die sich als Sophiologie, d. h. als Einsicht in die Weisheit Gottes und seines Heilsplans ausprägte. Iwan W. Wassiljewitsch und Michael Bakunin haben Schelling in München und Berlin gehört, erkannten aber in Hegel die höchste Möglichkeit westlichen Denkens. Wladimir S. Solowjew entwarf eine Philosophie der All-Einheit, in welcher er – angeregt durch Schellings Philosophie der Mythologie und der Offenbarung – zu einem mystischen Verständnis des Christentums gelangte.[33] Nicolai A. Berdjajew dage-

---

[31] A. a. O. 332.

[32] Vgl. W. Kasper, *5.35*, 5.

[33] Vgl. W. S. Solowjew, Schönheit als Offenbarung der All-Einheit, 1889–90 (russ.). – Vgl. L. Müller, Schellings Einfluß in Rußland, Sergéj A. Júrjev und Vladimir Solovjev, in: Archiv für Philosophie 3 (1949) 53–81; ders.: Solovjev und der Protestantismus, Freiburg i. Br. 1951, 93–123; W. Setschkareff, Schellings Einfluß in der russischen Literatur der 20er und 30er Jahre des XIX. Jahrhunderts, Leipzig 1939 (= Veröff. des Slavischen Instituts an der Friedrich-Wilhelm-Universität Berlin 22).

gen setzte mehr den existentialistischen Zug des Schellingschen Philosophierens fort und behauptete den Primat der Freiheit vor dem Sein, ja selbst vor dem absoluten Sein Gottes.[34]

Auch die moderne Theologie weiß sich der Philosophie Schellings verpflichtet. So hat sich Paul Tillich immer wieder mit Schelling beschäftigt[35] und in seiner Gotteslehre wesentliche Gedanken Schellings (über Gnade, Essentifikation, Geist u. a.) übernommen.[36] Tillich vertritt die These, daß Schellings Geschichtsphilosophie unmittelbar Religionsphilosophie ist;[37] er macht vor allem darauf aufmerksam, „daß es in der gesamten existentialistischen Literatur des 20. Jahrhunderts kaum einen Begriff gibt, der nicht aus [den Berliner] Vorlesungen stammt."[38]

Hans Urs von Balthasar sieht in Schelling den „eigentlichen Enthüller des idealistischen Weltbildes" und versteht ihn als den „wahren theoretischen Eschatologen der Zeit".[39] Schellings Philosophie interpretiert er als eine Philosophie der Kunst und spricht ihr den „Kairos einer ‚ästhetischen Theologie'" zu.[40] Allerdings versteht er die ästhetische Letzthaltung des Menschen als eine Form der Existentialität, die nicht zum wirklichen Existieren durchbricht, sondern als mystische Potentialität im Idealen, im interesselosen Anschauen verharrt.[41]

Walter Kasper schließlich behandelt in seiner umfangreichen Untersuchung „Das Absolute in der Geschichte" die Spätphilosophie Schellings hinsichtlich ihrer philosophischen und theologischen Geschichtskonzeption. Seine These lautet,

---

[34] N. A. Berdjajew, Der Sinn der Geschichte. Versuch einer Philosophie des Menschengeschickes, Darmstadt 1925.

[35] Vgl. P. Tillich, Die religionsgeschichtliche Konstruktion in Schellings positiver Philosophie, ihre Voraussetzungen und Prinzipien, phil. Diss. Breslau 1910; sowie *4.29* und *7.9*.

[36] P. Tillich, *7.9*, 120 ff. [37] P. Tillich, *4.29*, 124.

[38] P. Tillich, *7.9*, 123. [39] H. U. v. Balthasar, *4.9*, 205.

[40] H. U. v. Balthasar, Herrlichkeit. Eine theologische Ästhetik, 7 Bde., Einsiedeln 1961–70; Bd. III, 1: Im Raum der Metaphysik, 1965, 898 f.

[41] H. U. v. Balthasar, *4.9*, 229 f.

daß Schelling „gegenüber der in sich kreisenden Philosophie Hegels die Dimension der Zukunft und der Hoffnung wieder entdeckt hat."[42] Die dialektische Selbstvermittlung des Absoluten durch die Geschichte kann nur so verstanden werden, daß der Mensch seinen Selbststand in Freiheit nur vor dem in-sich-ständigen freien Gott zu gewinnen vermag. „Die Dialektik wird so in der Spätphilosophie Schellings zur Dialogik."[43] „Hier liegt im letzten der theologische Gewinn seiner Methode, daß sie es erlaubt, Theologie der Geschichte zu treiben und alle Geschichte hineinzuversammeln in das Geheimnis des Heilswillens Gottes und nicht in das Geheimnis eines ungeschichtlichen Wesens Gottes."[44]

Parallel zur existentialistisch ausgerichteten philosophischen und theologischen Schelling-Aneignung verlief die bis zu Bloch und Habermas nachweisbare Idealismuskritik der marxistischen Tradition, die Schelling im Rahmen der Hegelschen Dialektik zu rezipieren versucht hat.

---

[42] W. Kasper, *S.35*, 21.

[43] A. a. O. 22. [44] A. a. O. 430.

II. Schelling in der Perspektive materialistischer Theorie

Von Jörg Jantzen

Als Schelling 1841 nach Berlin kam, war der Kampf um die Hegelsche Philosophie in vollem Gang. Ausgegangen war er von der Theologie, genauer der Christologie. Der Streit zwischen „Rechten" und „Linken", „ob das Absolute seine wirkliche Existenz in dem zum Menschen gewordenen Gott oder nur in der Menschheit habe"[1] – von den „Linken" durch Feuerbach, Strauß, Bauer geführt – verbirgt ein grundlegendes Problem. Das Absolute selbst steht philosophisch in Frage.

Feuerbach resümiert programmatisch: „Die Philosophie des Absoluten ist ein Widerspruch."[2] Daraus folgt die Absichtserklärung zu einer neuen, einer „reellen Philosophie"[3], deren Anfang nicht Gott, nicht das Absolute ist, sondern das Endliche – deren Ziel die Vereinigung von Wesen und Existenz, von Denken und Anschauung, von Aktivität und Passivität sein soll.[4] Ihr Prinzip ist „der Mensch, der *ist* und *sich weiß* als die *wirkliche* (nicht imaginäre) *absolute Identität* aller Gegensätze und Widersprüche".[5]

Feuerbachs Programm, zugleich die Forderung nach praktischer Philosophie[6] – konkreter: die Forderung nach Prak-

---

[1] K. Löwith (Hg.), Die Hegelsche Linke, Stuttgart-Bad Cannstatt 1962, 15; vgl. K. Löwith, Von Hegel zu Nietzsche. Der revolutionäre Bruch im Denken des neunzehnten Jahrhunderts, Frankfurt a. M. 1969 (zuerst 1950), 65, 83 f.

[2] L. Feuerbach, Kleine Schriften. Nachwort v. K. Löwith, Frankfurt a. M. 1966, 130.

[3] A. a. O. 132. [4] Vgl. a. a. O. 135. [5] A. a. O. 140.

[6] Vgl. a. a. O. 132.

tischwerden der Theorie (so Ruge, Hess, Marx) – kennzeichnet die linken Junghegelianer insgesamt. Ihre Insistenz auf Existenz, Sinnlichkeit, Geschichte[7] berührt sich nun eigentümlich mit Schellings Hegelkritik, nur daß Schelling nie die Fortsetzung der Hegelschen Ontologie ins Positive, sondern vielmehr ihren Abbruch betrieben hatte, um Philosophie wieder „in die Linie des wahren Fortschritts" (Plitt III 63) zu bringen.

Insbesondere Löwith hat auf diese merkwürdige Koinzidenz hingewiesen.[8] Habermas hat versucht, ihren systematischen Grund aufzuzeigen: Er liegt in der *„Krisis der Vernunftwissenschaft"* (XI 565), „in der Schelling als einziger der großen Idealisten an den Rand des Idealismus getrieben worden ist".[9]

Problematisch ist der Anfang des Hegelschen Systems, mit Feuerbach gesagt: „das negative Unwesen des Absoluten".[10] Schellings Vorwurf kulminiert darin, daß wohl „alles in der logischen Idee sey, und zwar so sey, daß es außer ihr gar nicht seyn könnte, weil das Sinnlose allerdings nirgends und nie existiren kann. Aber eben damit stellt sich auch das Logische als das bloß Negative der Existenz dar, als das, *ohne* welches nichts existiren könnte, woraus aber noch lange nicht folgt, daß alles auch nur *durch* dieses existirt" (X 143). Der Übergang vom Logischen in die Natur bleibt offen. Schelling geht es damit um „die Abkunft der endlichen Dinge aus dem Absoluten" (VI 28). Der in ihren Gang eingeschlossenen und sich einschließenden Philosophie Hegels stellt sich das Problem des Anfangs im Grunde nicht: Das System schließt sich zum Kreis zurück. Indes gäbe es so von unserer Welt keine Erlösung.[11]

Der Gedanke Nietzsches von der ewigen Wiederkehr des Gleichen und mit ihm das Problem des Nihilismus kommt damit ins Spiel.[12] Philosophisch bedeutet dies für Schelling,

---

[7] Vgl. K. Löwith, Die Hegelsche Linke, a. a. O. Einleitung.
[8] Vgl. K. Löwith, Von Hegel zu Nietzsche, a. a. O. 130 ff.
[9] J. Habermas, *5.21*, 177. [10] L. Feuerbach, a. a. O. 130.
[11] Vgl. J. Habermas, *5.21*, 180.
[12] Vgl. W. Kasper, *5.35*, 34 f., 105 u. ö.

fortzuschreiten von dem, was *wirklich* Anfang ist, zu dem, was *wirklich* Ende ist.[13] M. a. W.: Die widerständig-verkehrte Welt ist um ihrer Erlösung willen geschichtlich als Theogonie zu denken.[14] Idealismus ist damit nun in der Tat an seinen Rand getrieben. Die Positionen jenseits davon sind mit den Namen Kierkegaard und Marx umrissen. Schellings Position besteht in der Spannung von negativer und positiver Philosophie – jene als Vernunftwissenschaft, diese als Rückkehr „zur Einfalt der Geschichte" und mit dem „Hauptgeschäft aller Philosophie" (VIII 205) befaßt, nämlich mit „der Lösung des Problems vom Daseyn der Welt" (I 313). Diese Spannung – Engels nennt sie „einen möglichst krummen Weg zwischen Vernunft und Unvernunft"[15] – wird ausgehalten durch die Trennung von Theorie und Praxis.

„Die Vernunftwissenschaft führt über sich hinaus und treibt zur Umkehr; diese selbst aber kann doch nicht vom Denken ausgehen. Dazu bedarf es vielmehr eines praktischen Antriebs; im Denken aber ist nichts Praktisches, der Begriff ist nur contemplativ, und hat es nur mit dem Nothwendigen zu thun, während es sich hier um etwas außer der Nothwendigkeit Liegendes, um etwas Gewolltes handelt" (XI 565). M. a. W.: An der Unvordenklichkeit der Existenz findet die Vernunftwissenschaft ihre Krisis; daß das Wesen existiert, folgt nicht aus seinem Begriff. Ihre Trennung vom Wesen gibt der Existenz Oberhand: Das Unvordenkliche wird per posterius durch seine Folge bewiesen. Die Vernunft wird von Praxis abgelöst.[16]

Die anfänglich nicht unfreundliche Aufnahme Schellings in Berlin[17] fand ein schnelles Ende. Exemplarisch sind die Kampfschriften von Engels.[18] Zumal die Potenzenlehre und die

---

[13] Vgl. *1.12,* 211. [14] Vgl. J. Habermas, *5.21,* 180 ff.
[15] F. Engels, Werke und Schriften bis Anfang 1844. Nebst Briefen und Dokumenten. Hg. v. D. Rjazanov, Berlin 1930, 188.
[16] Vgl. W. Kasper, *5.35,* 141; J. Habermas, *5.21,* 211 ff.
[17] Vgl. H. M. Saß, Schelling und die Junghegelianer, in: Zs. f. Rel.- u. Geistesgesch. 14 (1962) 282–285.
[18] Vgl. F. Engels, Schelling über Hegel (1841); Schelling und die

Offenbarungsphilosophie werden beißendem Spott unterzogen. Der Vorwurf des Irrationalismus, von Lukács vehement aufgenommen, bei Marcuse virulent,[19] wurzelt hier. Aber auch Feuerbach spricht ihn aus: „Der Rationalismus bei S. ist nur *Schein*, der Irrationalismus Wahrheit".[20]

Bei Lukács erscheint Schelling als Vorläufer faschistischen Denkens.[21] Die Kritik entzündet sich am Begriff der intellektuellen Anschauung „als erster Erscheinungsform des Irrationalismus" und dann – natürlich – an Schellings später Philosophie. Aber wenn Engels in dieser, als Hegelkritik, schlicht nur die Leugnung der Vernünftigkeit der Welt bzw. der Vernünftigkeit der Philosophie sieht,[22] so greift Lukács tiefer, wenn er eingesteht, daß Schelling in der Tat Schwächen der objektiv-idealistischen Dialektik aufdeckt.[23]

Zum einen: Sein ist dem Denken vorgängig, nicht umgekehrt.[24] Und mit der Priorität hängt zum anderen zusammen, daß die Praxis neue Bedeutung gewinnt, nämlich als Kriterium der Theorie, und insofern Schlüssel zur Lösung der philosophischen Krise, die sich nach Hegels Tod offenbart hatte, sein kann.[25] Und schließlich ist die Kritik, die Schelling an Hegels absolutem Idealismus mit der Differenzierung von quid sit und quod sit übt – der Betonung, daß die Existenz aus dem Begriff nicht ableitbar ist –, berechtigt.[26] Die genannten Schwierigkeiten hätten, so Lukács, zu einer Höherentwicklung der Dialektik führen können – wären sie nur von „links" aufgedeckt worden.[27] Hier wird die Grenze der Kritik von Lukács offenbar. Die These vom prinzipiell reaktionären Charakter des sogenannten Irrationalismus versperrt den Weg, Schellings Hegelkritik als mehr denn bloßen

---

Offenbarung (1842); Schelling, der Philosoph in Christo (1842); in: F. Engels, Werke, a. a. O. 173–249.

[19] Vgl. H. Marcuse, Vernunft und Revolution, Darmstadt und Neuwied 1972 (zuerst 1941), 283 ff.

[20] L. Feuerbach, a. a. O. 137. [21] Vgl. G. Lukács, *8.4, 171.*

[22] Vgl. F. Engels, Werke, a. a. O. 188.

[23] Vgl. G. Lukács, *8.4,* 161. [24] Vgl. a. a. O. 162.

[25] Vgl. a. a. O. 163. [26] Vgl. a. a. O. 166. [27] Vgl. a. a. O. 161.

Eskapismus oder Übelwollen begreifen zu können – womit zugleich jener „Irrationalismus“ selbst unbegriffen bleibt.

Jene Höherentwicklung der Dialektik soll indessen in „Geschichte und Klassenbewußtsein“ schon geleistet sein.[28] Die dort intendierte „Auflösung der Ding an sich Irrationalität (sic!), die Erweckung des begrabenen Menschen“[29] durch die Auffindung eines identischen Subjekt-Objekts in der Geschichte selbst, nämlich des Proletariats, setzt sich freilich dem Irrationalismusverdacht selbst aus: „Diese Verwandlung [der Gesellschaft] selbst kann aber nur die – freie – Tat des Proletariats selbst sein.“[30] Die Konstruktion des Geschichtsprozesses als eines objektiv notwendigen gelingt offenbar nicht. Schellings von Lukács so genannter Irrationalismus bleibt, durchaus systematisch, virulent – auch und gerade für eine marxistische Philosophie.

Nun hat, jedenfalls der frühe, Schelling seine Anerkennung in ihrem Bereich auch durchaus gefunden, nämlich als eine „der zentralen theoretischen Quellen des Marxismus“.[31] Gemeint ist damit die Naturphilosophie, diese aufgefaßt als erster mit methodischem Bewußtsein durchgeführter Versuch einer umfassenden dialektischen Naturtheorie. Für den Marxisten dabei entscheidend ist einerseits die Auffassung von Natur als Bewegung, d. i. unaufhörliche Erzeugung, Aufhebung und Wiederherstellung von Entzweiung, durch die Natur grundlegend bestimmt ist, und andererseits die Deutung dieser Bewegung als konkret geschichtliche Entwicklung.[32]

Die Naturphilosophie steht aber nicht isoliert. Die Natur soll, so Schelling, mit den Gesetzen unseres Geistes nicht nur zufällig übereinstimmen, sondern diese notwendig und ursprünglich realisieren: „Die Natur soll der sichtbare Geist, der Geist die unsichtbare Natur seyn. *Hier* also, in der

---

[28] Vgl. F. Schmidt, *4.28*, 110 ff.; vgl. G. Lukács, Geschichte und Klassenbewußtsein, Berlin 1923, 156 ff.

[29] G. Lukács, a. a. O. 156.

[30] A. a. O. 228. Vgl. F. Schmidt, *4.28*, 112.

[31] M. Buhr und G. Irrlitz, *8.3*, 183.

[32] Vgl. Buhr/Irrlitz, *8.3*, 181.

absoluten Identität des Geistes *in* uns und der Natur *außer* uns, muß sich das Problem, wie eine Natur außer uns möglich sey, auflösen" (II 55 f.). Mit der Thematisierung der Einheit des Menschen mit der ihn umgebenden wie mit seiner eigenen Natur stellt Schelling nun ein Problem, vor das jede ernsthafte materialistische Philosophie nicht weniger gestellt ist.[33]

Bloch – nach Habermas ein „marxistischer Schelling"[34] – versucht, Schellings Hegelkritik zu rezipieren. Schellings Satz, „daß in der reinen Vernunftwissenschaft von einer wirklich existierenden Natur nicht die Rede sein kann",[35] löst zumindest bei ihm Betroffenheit aus.[36]

Der Begriff „Existenz" entgleitet logisch-objektivem Denken; aus dem Zwang, ein alogisches Element im Sein notieren zu müssen, einen „dunklen Grund" im Anfang dessen, daß überhaupt etwas ist, oder vielmehr einen „Ungrund", folgt die Einsicht in „die tiefe unzerstörbare Melancholie alles Lebens". Bloch: „Diese regellosen Elemente sind also nicht, wie bei Hegel, als dienende, antithetische Mittelglieder in die ‚Selbstbewegung des Begriffs' eingespannt. Die Welt ist nicht schiere Idee".[37] Die Einsicht gilt es festzuhalten, auch wenn sie Schelling in „abenteuerliches Mythologisieren"[38] führt: Das Existenzmotiv macht nachdenklich, ist fruchtbar insofern als mit ihm gezeigt ist, daß ein Hegelscher Weltprozeß „aus reiner Idee sich nicht fortbewegen, sich nicht einmal bewegen kann". Selbstbewegung des Begriffs ist so unmöglich wie ein perpetuum mobile. „Das ist in der Kritik enthalten, die Schelling an Hegel anstellte: das Rationale darf nicht mit dem Realen, der logische Faktor nicht mit dem subjekthaft-intensiven verwechselt werden."[39] Damit ist der – von Marx wie von Lukács unternommene – Versuch,

---

[33] Buhr/Irrlitz, *8.3*, 184.

[34] Vgl. J. Habermas, Ernst Bloch. Ein marxistischer Schelling, in: Philosophisch-politische Profile, Frankfurt a. M. 1971, 147–167.

[35] F. Engels, Werke, a. a. O. 203.

[36] Vgl. E. Bloch, Subjekt-Objekt. Erläuterungen zu Hegel, Frankfurt a. M. 1971 (Neudr. der erw. Ausg. 1962), 391.

[37] A. a. O. 396. [38] A. a. O. 397. [39] A. a. O. 398.

Dialektik materialistisch zu konstruieren, kritisiert, wenn mit dieser Dialektik nämlich gesellschaftliche Freiheit als Produkt eines notwendigen und vernünftigen Prozesses behauptet werden soll.[40] Bloch rekurriert in charakteristischer Weise auf Schelling; er stellt nicht ab auf das problematische Verhältnis von Idee und Wirklichkeit als eines logischen, sondern nimmt Schelling als den, „der als einziger immerhin das Realisierungsproblem vom totalen Rationalismus loslösen wollte".[41] Bloch zitiert jene Schelling Stelle, die den Übergang vom Absoluten zur Wirklichkeit thematisiert,[42] und er resümiert zustimmend, daß damit Verwirklichung aufhöre, „eine bloße Manifestierungs-Funktion des objektiv Logischen zu sein".[43] Schellings irrationaler Grund von Verwirklichung wird „gleichsam die ontologische Basis für die Materialisierung seiner [Blochs] ‚Ketzerträume vom besseren Leben'".[44]

Der Prozeß ist bei Schelling nach Bloch jedoch in Mythologie eingesperrt.[45] Aber die Geschichte des Abfalls des Absoluten von sich läßt sich umdeuten in eine Geschichte der Menschwerdung. Mit dem – freilich nicht minder mythologischen – Rekurs auf die natura naturans wird eine ontologische Basis gewonnen, die der Differenz von Subjekt und Objekt vorgängig ist und sie zugleich utopisch überholt.[46]

Die *Kritische Theorie*[47] negiert wie Schelling die für He-

---

[40] Vgl. F. Schmidt, *4.28,* 113.

[41] E. Bloch, Das Prinzip Hoffnung, 3 Bde., Frankfurt a. M. 1967 (Nachdr. der Ausg. 1959), 220.

[42] Vgl. a. a. O. 220; vgl. VI 28. [43] A. a. O. 220.

[44] F. Schmidt, *4.28,* 113; vgl. auch E. Bloch, Das Prinzip Hoffnung, a. a. O. 1010.

[45] Vgl. E. Bloch, Das Prinzip Hoffnung, a. a. O. 221.

[46] Vgl. a. a. O. 807; vgl. auch Bloch, Subjekt-Objekt, a. a. O. 440 f.

[47] F. Schmidt (*4.28,* 116 ff.) hat versucht, Adorno systematisch mit Schelling zu verbinden. Aber: Auch wenn Adorno in der „Negativen Dialektik" (Frankfurt a. M. 1966) Aufklärung ihr eigenes Verständnis in die „Einsicht in den Trug des zum Absoluten sich stilisierenden Subjekts" (185) transzendieren läßt und jenes Interesse, das darin besteht, das ideologisch auf den Namen Subjektivität verzauberte Subjekt von außen anzustoßen, mit dem Namen Schelling verknüpft (181 f.) – auch dann bricht die

gel fundamentale Voraussetzung einer absoluten Objektivität, die in sich geschichtlich ist.[48] Wenn sie – von der Härte und Abgeschiedenheit der Dinge erschüttert[49] – gleichwohl noch *Theorie* sein will, dann steht sie vor dem Problem, vor das Habermas Schelling stellt: „eine von Grund auf verkehrte Welt in ihrem Ursprung aus dem Absoluten um der Möglichkeit ihrer Erlösung willen zu begreifen [. . .] die Welt geschichtlich als eine Theogonie zu denken".[50] Die Theogonie ist umzuwenden in Anthropogonie, wenn man Marx' Forderung, die Menschengattung in die Rechte des geschichtsbeherrschenden Subjekts einzusetzen, aus Schellings Lehre vom Abfall Gottes von sich in den alter Deus hervorgehen sieht.[51] Der geschichtsmächtigen Menschheit ist freilich die Natur problematisch. Als natura naturans hatte Bloch *sie* ontologisch zum Prinzip gemacht. Der utopisch-eschatologische Naturbegriff ist für die Kritische Theorie kennzeichnend. In den Schlagwörtern von der Resurrektion der gefallenen Natur, der Rücknahme des Geistes in die Natur meldet sich Schelling, seiner theologischen Voraussetzungen entkleidet.

Für *Habermas*[52] ist, nicht anders als für Bloch, Schellings Problematisierung der „Abkunft der endlichen Dinge aus dem Absoluten" (VI 28) thematisch. Ist sie zu klären, und zwar so, daß der Ursprung der Korruption der Welt eben *in* jenem absoluten Anfang liegt, dann ist *wirklicher* Anfang möglich und d. h. auch *wirkliches* Ende, mithin Erlösung. Gefordert ist „ein der Vernunft Vorangehendes, ein Grund, aus dem sie ihre Begründung bestreitet, ohne sich seiner je als

---

Subjekt-Objekt-Dialektik nicht ab, sondern wird vielmehr als negative neu begründet.

[48] Vgl. M. Theunissen, Gesellschaft und Geschichte. Zur Kritik der kritischen Theorie, Berlin 1969, 30 f.

[49] Vgl. J. Habermas, *5.21*, 181. [50] A. a. O. 182 f.

[51] Vgl. M. Theunissen, a. a. O. 32 f. (Anm. 48).

[52] Auf Zusammenhänge der Gedanken in „Theorie und Praxis" mit der unter ganz anderen Voraussetzungen entstandenen Dissertation Habermas' (*4.13*) wird hier nicht eingegangen. Zu Schelling und Habermas vgl. W. Marx, *5.6*.

solchen bemächtigen zu können [...]. Ein solcher Grund ist die Materie"[53]. Sie – nichtseiend und doch von furchtbarer Realität[54] – ist also der historische Anfang des Systems. Aber der so gewonnene historisch-materialistische Anfang kann für die Konstruktion der Welt erst dann relevant werden, „wenn [...] diese Materie zugleich als Materie des Absoluten selbst *und* als Bedingung der Möglichkeit eines Bruchs im Absoluten begreiflich gemacht werden könnte"[55]. Das geschieht bei Schelling in Kategorien mystischer Sprache. Gott – unbeschränkt, aber eben durch die Notwendigkeit dieser Unbeschränktheit begrenzt – entläßt, sich kontrahierend, aus sich den alter Deus, „das *andere* Absolute" (VI 39), damit Freiheit schaffend, die ist wie er und die er doch selbst nicht ist. Im Nichthaben *kann* Gott das andere Absolute haben, in der Liebe – sofern sie von diesem *auch* gewollt ist.[56]

Insofern nun die Kategorie des anderen Absoluten aus einem wirklichen Anfang des Absoluten, der Kontraktion Gottes, abgeleitet wird, kann dem praktischen Bedürfnis nach Möglichkeit eines *wirklichen* Endes der korrupten Welt theoretisch Rechnung getragen werden, und dies ist, so Habermas, eine Denkfigur, die für marxistische Theorie wesentlich ist: Aus dem geschichtlichen Ursprung von Herrschaft folgt prinzipiell die Möglichkeit ihrer Aufhebung.[57]

Die Aufhebung der Herrschaft versucht Habermas im Anschluß an Schelling zu denken. Die Geschichte der Welt, über deren Korruption der Philosoph *unmittelbar* belehrt ist, soll – als dem Gott aus der Hand geglittene – „dem ‚umgekehrten Gott' der *gesellschaftlichen Menschheit* überantwortet" sein[58]. Mit dem Gedanken des von Habermas als Menschheit gedeuteten alter Deus ist also die Vermittlung des Absoluten mit der Geschichte selbst eine *historisch* zu lösende Aufgabe. Damit ist der Umschlag der Theogonie in Anthropogonie eingeleitet. Als das andere Absolute macht

[53] J. Habermas, *5.21,* 183. [54] Vgl. X 282 ff.
[55] J. Habermas, *5.21,* 184.
[56] Vgl. J. Habermas, *5.21,* 184–193.
[57] Vgl. a. a. O. 188. [58] A. a. O. 193. Hervorhebung vom Verf.

die Menschheit ihre Geschichte selber. Aber eben als solches hat sie den Zusammenhang mit der Natur verloren; sie kann es nur äußerlich aufnehmen mit ihr – durch gesellschaftliche Arbeit, d. h. Beherrschung der Natur.[59] Darin nun liegt der Umschlag beschlossen. Denn wenn die Dialektik von Gott und alter Deus aufgelöst wird in diejenige von Menschheit und Natur, dann muß in der Tat „die theogonische Hülle vom historischen Prozeß" fallen.[60] Die Menschwerdung Gottes, von der Schelling sagt, in ihr sei „das Unendliche ganz endlich geworden ohne Nachteil seiner Unendlichkeit" (VII 484), soll also sein eine Menschwerdung des Menschen mit dem Ergebnis einer ohne Nachteil ihrer Endlichkeit unendlichen Menschheit, nämlich der vergesellschafteten Menschheit. Schwierig scheint dabei, wie mit der Vergesellschaftung zugleich die Versöhnung mit der Natur zu denken ist. Nicht minder problematisch ist überhaupt die Deutung jener Vermittlung von Gott und alter Deus als Vergesellschaftung der Menschheit. Die Einsetzung der Menschheit in die vakant gemachte Stelle Gottes entmythologisiert nicht etwa Schelling, sondern wird selbst Mythos. Derjenige eines nach wie vor unter den Auspizien von Absolutheit gedachten geschichtsmächtigen Subjekts.[61]

Habermas sieht Schelling unter dem Aspekt marxistischer Theorie, ohne freilich Marx nun einfach aus Schelling zu folgern, auch wenn er einen „heimlichen Materialismus der Weltalterphilosophie"[62] namhaft macht. Materialistisch werde Schelling im Rahmen Hegelscher Dialektik rezipiert. Aber: Eben diese Rezeption soll genau die Konsequenz sein, vor der Schelling sich abwandte – sich gleichsam von sich selbst abwendend.

---

[59] Vgl. a. a. O. 193; 199. [60] A. a. O. 200.
[61] Vgl. M. Theunissen, a. a. O. 28 ff. (Anm. 48).
[62] J. Habermas, *5.21*, 215.

E. Schellings Wiederkehr?

Von Xavier Tilliette

Schelling ist bekanntlich alt genug geworden, um die Bitterkeit des Vergessenseins zu erfahren. Nach dessen Tod schrieb Varnhagen von Ense lakonisch in sein Tagebuch: Er hat sich überlebt. Zwanzig Jahre früher spottete Heinrich Heine über den von Hegel beseitigten, „mediatisierten" Münchner Philosophen, allerdings mit maßloser Ungerechtigkeit. Aber auch wenn wir den treuen Zuhöreranhang, die königliche Gunst und den flackernden Triumph des Herbstes 1841 in Berlin in Betracht ziehen, so hat doch Schellings Untergang frühzeitig angefangen, vielleicht schon zu dem Zeitpunkt, als er aufhörte zu veröffentlichen. Der wachsende Ruhm Hegels hatte ihm freilich geschadet, dennoch geriet er im Laufe des 19. Jahrhunderts in die gleiche Verbannung wie Hegel und der Idealismus, die er meinte überwunden zu haben. Bis heute konnte er das Los eines *éternel second* noch nicht ganz bannen. Während sich Hegel am Anfang dieses Jahrhunderts kräftig erholte, gelang es Schelling kaum, in die Schicksale der Zeit einzudringen, auf sie entscheidend einzuwirken.

Gewiß hat die Historiographie die Rückkehr zu Schelling verkündet. Aber es geschah meistens anläßlich von Jubiläumsfeiern, und ihre Anregungen klangen wie Nachrufe. Schelling blieb das Stiefkind des Deutschen Idealismus. Dennoch ist anscheinend die schlimme Periode vorbei. Die Zeichen einer Schelling-Renaissance mehren sich. Seit etwa 25 Jahren, also seit dem Jubiläum von 1954 und dem gelungenen Kongreß zu Bad Ragaz, ist die Forschung in eine neue Phase eingetreten. Die Veröffentlichungen zeichnen sich mittlerweile durch ihre Zahl und vor allem ihren Wert aus. Die traurige Vernichtung des Münchner Nachlasses im 2. Weltkrieg hätte die Gelehrten entmutigen können: ganz im Gegenteil jedoch beweisen sie eine erstaunliche Vitalität. In der Tat wetteifert nun Schelling fast mit Hegel in der Gunst der Historiker der Philosophie.

Es wäre verfrüht, über Tiefe und Dauerhaftigkeit dieses Neubeginns zu entscheiden, der mit dem Aufstieg Fichtes und der Blüte Hegels zusammenfällt. Obgleich Schelling nicht die Triebfeder ist, nicht der „verursachende Gott", kommt ihm so das erneute Interesse für den Deutschen Idealismus zugute. Zugleich trägt seine wiederbelebte Gegenwart dazu bei, die bisherige Auffassung des Deutschen Idealismus, dessen Einfluß immer noch unser Denken bestimmt, zu erschüttern und zu erneuern. Vielleicht rührt Schellings später Erfolg gerade daher, daß er als großer Vertreter des Idealismus den anderen Erscheinungen desselben mit mißtrauischer Haltung entgegentritt. Wie dem auch sei, das neue Verständnis Schellings gehört zum veränderten Bild des Deutschen Idealismus.

Daß der Idealismus in seiner Vielfältigkeit weiterhin und weitgehend unser Schicksal bestimmt, liegt auf der Hand. Nicht nur ist ein Teil des hegelianischen Erbes in den Marxismus eingeflossen und folglich in das lebendige Denken unserer Zeit, sondern auch die Husserlsche Phänomenologie verdankt ihren Ansatz dem Begriff der „strengen Wissenschaft"; und wenn sie auch scheinbar Descartes den Vorzug gibt, knüpft sie an das transzendentale Ego von Kant und Fichte an. Der Hintergrund des sogenannten Existentialismus war eine Sehnsucht nach den großen Vernunftsystemen, obwohl er deren Anmaßung und Unmöglichkeit anprangerte. Bei Heidegger sind sie stets Maßstab und Folie, bei Jaspers oder Merleau-Ponty explizit Versuchung und Verführung, der Dialektik von Sartre liefern sie geheime Waffen. Eine gewisse Absperrung durch die Lehrer des Verdachtes, Marx, Nietzsche und Freud, hat nicht verhindern können, daß die großen Denker des Idealismus festen Fuß in unserer Auseinandersetzung mit der Geschichte gefaßt haben.

Woher solch ein bedeutender Stellenwert? Zunächst stammt er aus dem Zauber, den jedes große geistige Unternehmen unvermeidlich mit sich führt, dann freilich auch aus den Anregungen des Historizismus, einer der großen Tendenzen dieses Jahrhunderts. Schließlich und mehr noch aus der evidenten Tatsache, daß das 19. Jahrhundert ein Feld eröffnet hat, das bei weitem nicht abgeschlossen ist. Wir Nachidealisten kreisen noch immer um die Probleme, welche der nachkantische Idealismus hervorgerufen und diskutiert hat. Die Auseinandersetzung ist ein Selbstgespräch der Zeit, das rückwirkend unsere Vorstellung des Deutschen Idealismus beeinflußt.

In einer bündigen Habilitationsschrift[1], welche die Schelling-Deutung wieder in Gang brachte, hat Walter Schulz die Interpretation der Spätphilosophie Schellings neu berücksichtigt und dadurch Schellings Stellung zu Hegel und seinen Gegnern und Nachfolgern anders beleuchtet. Wir haben schon damals unsere Meinung über das Werk von Schulz ausgesprochen.[2] Heben wir nur hervor, daß er den Versuch des alten Schelling dem Hegelschen Systemgebäude gleichsetzt bzw. voranstellt. Denn wenn Hegel die Vollendetheit der Vernunft verwirklicht hat, so habe Schelling innerhalb dieser Vollendung die immanente Voll-endlichkeit der Vernunft thematisiert: ohnmächtige Macht, gebrochene Kraft. Deshalb ist *er*, nicht Hegel, der unmittelbare Vorläufer der nachidealistischen Philosophien. Er ist gleichsam das fehlende Glied in der Kette zwischen dem Idealismus und dem Postidealismus der Kierkegaard, Nietzsche, Marx, Heidegger . . . Umgekehrt wird die Vollendung des Idealismus in Schellings Spätphilosophie durch jene Philosophien gerechtfertigt. Denn sie knüpfen logisch an die vermittelte Selbstvermittlung Schellings an, oder an die gebrochene Macht der Vernunft,

---

1 Vgl. W. Schulz, *5.37.*

2 Vgl. X. Tilliette, Une nouvelle interprétation de Schelling, in: Archives de Philosophie 21 (1958) 423–456, 564–599; ders., Actualité de Schelling, in: Revue de Métaphysique et de Morale 64 (1959) 361–364.

die das Andere ihrer selbst (das Absolute, Gott) notwendig setzt als Selbstsetzung.[3]

Darüber hinaus und gerade deswegen verschiebt sich das geläufige Bild des Deutschen Idealismus, indem eine gewisse Aufhebung von Hegel durch Schelling stattfindet. Die gleichsam „dynastische" Vorstellung Fichte–Schelling–Hegel tritt zurück, die Überwindung des Hegelianismus wird gewissermaßen in der Spätphilosophie Schellings ins Werk gesetzt. Der Vergleich zwischen Hegel und Schelling, der allerdings an der Hegelschen Terminologie orientiert ist, behandelt das Wesen der Vermittlung, in der Annahme, daß der Idealismus nur ein einziges Problem verhandelt; die Selbstvermittlung oder vermittelte Vermittlung der Vernunft. Weshalb ist die an Hegel gerichtete Kritik, nach Walter Schulz, treffend? Sie bleibt dem Idealismus verpflichtet und verhaftet, sie begegnet dem Gegner auf seinem eigenen Feld. Da es sich um die Selbstvollendung des Denkens handelt, bedeutet die Hegelsche Lösung die Möglichkeit für die Vernunft, den Kreis zu vollenden und sich absolut zu setzen, noch bevor sie die Natur vermittelt. Im Gegensatz dazu ist die Vernunft für Schelling jedoch schon im voraus von Gott oder dem Absoluten überholt, das ihr transzendent bleibt. Statt des Selbstvertrauens der die Vorstellung auch des Absoluten vermittelnden Vernunft haben wir eine selbsttranszendierende und sich vorstellig machende Vernunft. Die Vermittlung wird verdoppelt. Während der Hegelsche Begriff die Vorstellung aufhebt und sich absolut setzt, bleibt der Gott Schellings im Begriff der Unbegreifliche oder „der im Begreifen vermittelte Unbegriffene, *weil* er die reine Selbstvermittlung, das Wesende der reinen Tätigkeit ist"[4]. Walter Schulz meint, daß die Schellingsche Kritik begründet ist und eine Steigerung des Hegelschen Idealismus einführt: „Hätte Hegel von vornherein die Vernunft *sich als das Seiende*, d. h. den Inbegriff aller Wesenheiten bewegen lassen, dann hätte er, wie Schelling, sehen *müssen*, daß diese Vernunft sich eben als

---

[3] Vgl. W. Schulz, a. a. O. 279, 284.

[4] A. a. O. 268.

diese Bewegung nicht begreifen kann; er hätte erfahren, daß die Vernunft das Seiende *selbst*, d. h. den *lebendigen* Begriff heraussetzen muß".[5] Der scharf und sattsam gerügte „Schiffbruch" des Überganges der Logik zur Naturphilosophie, der Idee zur Natur, ist Zeichen und Ergebnis zugleich eines Stillstandes der Hegelschen Philosophie. Wie dem auch sei, beide Denker zielen auf dasselbe Telos: „Schellings Kritik ist wirklich Aus-einander-setzung, die aus einer unmittelbaren und ursprünglichen Nähe erwachsen ist".[6]

Freilich schwächt Schulz in etwa seine Theorie durch die Ähnlichkeit ab, die er zwischen den beiden Rivalen unterstreicht. In einem Aufsatz über Heidegger spielt Hegel die Rolle, die im Buch Schelling zukommt.[7] Immerhin darf und muß unser Bild des Deutschen Idealismus eine Veränderung erfahren, hauptsächlich in Bezug auf die historische Physiognomie Schellings, dessen „Wandel [...] nur ein Ausdruck des Wandels [ist], der uns nicht mehr in der Sicherheit eines selbstgewissen Denkens stehen bleiben läßt, sondern [...] zur Frage nach der im Idealismus aufgebrochenen Problematik der absoluten Subjektivität zwingt".[8] Jene Unsicherheit, jene Fragwürdigkeit des letzten Zustandes der Reflexion und der Subjektivität, hat die untreuen Erben angesteckt. Nietzsche vor allem hat den reinen Zirkel der Vermittlung als „ewige Wiederkehr des Gleichen" gedeutet, folglich als Sinnlosigkeit des Nihilismus und Untergang des Menschen.[9] Aber schon bei Kierkegaard dreht sich der Kreis der vollendeten Subjektivität.[10] „Die Erfahrung der Existenz, *unmittelbare* Selbstvermittlung und damit ein reiner Widerspruch zu sein, ist die philosophische Grunderfahrung Kierkegaards."[11] Sie ist das Paradox, „der Wurm, der nie stirbt". Beide „Ausnahmen", Kierkegaard und Nietzsche, sind die Kronzeugen einer Affinität zwischen Schellings Spätphilosophie und dem Nach-

[5] A. a. O. 109. [6] A. a. O. 112.
[7] Vgl. W. Schulz, Über den philosophiegeschichtlichen Ort Martin Heideggers, in: Philosophische Rundschau I (1953–1954) 65 ff.
[8] W. Schulz, *5.37*, 144. [9] Vgl. a. a. O. 233.
[10] Vgl. a. a. O. 273. [11] A. a. O. 275.

idealismus. In der Tat deckt sich seine Nachkommenschaft mit dem nachidealistischen Denken überhaupt. Die „wirkliche" Bedingung des Denkens heißt menschliche Sinnlichkeit bei Feuerbach oder Proletarierklasse bei Marx. Schließlich löst und thematisiert sich das Erbe mit Heidegger. Die Parallele zwischen dem durch das Nichts durchdrungenen Dasein und der durch das unvordenkliche Daß abgründig aufgerissenen Vernunft ist offensichtlich.

Nur scheinbar auf Schleichwegen gelangt also Schellings Philosophie in unsere Gegenwart. Es ist bemerkenswert, daß die bedeutendsten Denker dieser Zeit, Heidegger, Jaspers, Tillich, Gabriel Marcel usw., viel Interesse für Schelling gezeigt haben. Ausgerechnet als Antipode und Gegengewicht Hegels hat er im Denken der Gegenwart wieder Wurzeln gefaßt. Allerdings wurde er meistens als unmittelbarer und verkannter Vorläufer der Existenzphilosophie zurückinterpretiert. Von diesem Standpunkt, den Tillich noch ungeschminkt vertrat, sieht und rückt Schulzens Essay ab, indem er die Perspektive berichtigt und die Beziehung beiderseits verschlungener darstellt. Dennoch ist das Ergebnis gleich. Wie gesagt, das sogenannte neue Bild des Deutschen Idealismus schließt einen Bruch mit der üblichen Auffassung ein, und infolgedessen eine breitere Selbständigkeit der drei Großen. Insofern hat Schelling daraus gewonnen, zumal er bereits zu seiner Zeit die Alleinherrschaft des Hegelschen Systems energisch bestritten hatte.

Doch handelt es sich um anderes und mehr als bloß interne Bewegungen der Historiographie. Wenn Schelling anscheinend einen Vorfrühling erlebt und Glanz und Gunst wieder erwirbt, dann ist er vermutlich selbst aktuell und zeitgemäß: Er hat uns Späteren etwas zu sagen; seine Wiederentdeckung gehört zu den Bestrebungen und Bedürfnissen des Zeitalters. Gewiß entspricht der in die aktuelle geistige Auseinandersetzung eingeführte Schelling nicht genau der historischen Wahrheit; wir werden auf dieses mögliche Mißverständnis zurückkommen.

Die Philosophie der Freiheit ist noch immer der Magnet, der die meisten Leser anzieht. Übrigens hat sie damals, als

Schelling in die Vergessenheit geriet, den vollständigen Untergang seines Einflusses verhindert. Die Freiheit und die damit zusammenhängenden ethischen Probleme konnten den Erfolg des Schellingschen Werkes erhalten. Denn bekanntlich ist Schellings Denken nach vielen Umwegen (Philosophie des Ichs, Naturphilosophie, Philosophie der Identität, Alleinheitslehre) in die Aufwertung der Person, des Willens und vor allem der schöpferischen Freiheit eingemündet, welche ihren säkularisierten Niederschlag dann im zeitgenössischen Existentialismus gefunden haben. Tillich weist auf die „Anfänge des existentialistischen Protestes“[12] hin. Heideggers Kommentar der Freiheitsschrift,[13] der erst 1971 herausgegeben, aber bereits 1936 vorgetragen wurde, stellt als Leitmotiv den Gedanken dar, daß Schelling 1809 sein idealistisches System erschüttert und verlagert habe, um sein Gefüge tiefer in das Urseyn, in das Urgestein des Wollens zu verankern.[14] Dabei habe er die Frage κατ' ἐξοχήν gestellt, „die Grundfrage der Philosophie überhaupt, solange Philosophie überhaupt *ist* als die Frage, was das Seiende sei. (Die Grundfrage auf dem *Grunde,* auf dem wir heute stehen)“[15]. Die allerletzten Worte möchten wir betonen. Wohin wir uns immer wenden, um den Beitrag und die Spur Schellings ins Auge zu fassen, während sein akademisches Überleben auf dünn gepflügten Äckern dahinsiechte, stoßen wir auf den springenden Punkt der Freiheit, zum Beispiel bei Tillich, Berdiaev, Gabriel Marcel, Jean Wahl, Wladimir Jankélévitch, Przywara, Hans Urs von Balthasar ... Dieser bezeichnet die Freiheitsschrift als „das titanischste Werk des deutschen Idealismus“[16]. In diesem Sog rücken die verdienstvollen Arbeiten von Horst Fuhrmans[17] heran, die, wie das Werk von Walter Schulz, Meilensteine auf dem Wege der Forschung bilden.

Dennoch entspricht die Verlagerung des Interesses inner-

---

[12] Vgl. P. Tillich, *8.5.* [13] Vgl. M. Heidegger, *5.18.*
[14] Vgl. a. a. O. 114–115. [15] A. a. O. 77.
[16] Vgl. H. U. v. Balthasar, Apokalypse der deutschen Seele, Bd. I, Der deutsche Idealismus, Salzburg-Leipzig 1937, 240.
[17] Vgl. H. Fuhrmans, *5.32;* ebenso ders., *5.19.*

halb der Forschung, und infolgedessen ein gewisses Zurücktreten der Freiheitsschrift, einer zweifellos besseren Kenntnis des Werkes und der Möglichkeiten, die es dem Stückwerk der Philosophie unserer Zeit darbietet. Wenn der Marxismus, zum Beispiel mit Georg Lukács und Hans Jörg Sandkühler, weiter die massiven Einwände zur Schau trägt, die schon zur Zeit der Junghegelianer im Umlauf waren, rettet er umgekehrt mehr denn je den von Marx selbst hervorgehobenen „Jugendgedanken" Schellings, den Keim eines dialektischen Materialismus in der Naturphilosophie.[18] Unabhängig von ihm hat sich Jürgen Habermas bemüht, den materialistischen Faden in den *Weltaltern* und darüber hinaus zu verfolgen.[19] Zugleich sind weitere Bereiche der Schellingschen Produktion im Begriffe, ausgewertet zu werden, da sie betriebsame Lager der heutigen Philosophie vorwegnehmen. Maurice Blondel hatte einst, nach kargen Auskünften von Victor Delbos, den wertvollen Beitrag Schellings für die Ausführung einer religiösen Philosophie geahnt. Die von Jaspers, Karl Barth, Bultmann, Gadamer, Ricoeur usw. mannigfaltig angeregte Auseinandersetzung zwischen Philosophie und Religion findet vorzügliche Exponenten und Parallelen im Streit Schellings mit Fichte, Jacobi, Hegel, gelegentlich Schleiermacher. Die vielumstrittene Fundamentaltheologie, aber auch die Forschungen und Untersuchungen auf den Gebieten der Hermeneutik, Exegese und Mythologie, können sich im Umgang mit Schelling reicher entwickeln, dessen letzte Philosophie meist immer noch *terra incognita* ist. Sie haben damit den Anfang gemacht.[20] Schließlich übt die kühne Spekulation der *Weltalter* eine Art Zauber aus, den Claude Bruaire empfunden hat:[21] diese Archäologie oder Protologie der allgemeinen

---

[18] Vgl. G. Lukács, *8.4;* vgl. auch H. J. Sandkühler, *4.27.* – Der „aufrichtige Jugendgedanke" Schellings: in einem Brief an Feuerbach, s. Anm. 24 (128).

[19] Vgl. J. Habermas, *5.21;* und: Ein marxistischer Schelling – Zu Ernst Blochs spekulativem Materialismus, in: Theorie und Praxis. Sozialphilosophische Studien, Neuwied am Rhein und Berlin ²1967, 336–351.

[20] Vgl. z. B. das treffliche Werk von W. Kasper, *5.35.*

[21] Vgl. C. Bruaire, Schelling, Paris 1970, 9–81.

Vergangenheit, mit der eindrucksvollen Schilderung der Zeiten der Zeit (Äonen), bezieht sich auf ein dringendes Anliegen unseres Denkens.

In der Tat, „es bestand, es besteht ein Bedürfnis nach Schelling“, wie H. J. Sandkühler schreibt.[22] Schellings gesteigerte Aufnahme in Deutschland hängt nach diesem Autor mit der Katastrophe von 1945 zusammen: das Bedürfnis nach Schelling knüpft sich an die „ideologische“ Erhebung der Zuflucht zu Gott angesichts des Aufstiegs und der Bedrohung des Nihilismus. Allerdings bietet Sandkühler eine andere, mindestens ebenso ideologische Erklärung: die mit Schelling angeblich mögliche Rechtfertigung der Schuld durch das unzurechenbare Schicksal: „Dies ist das Angebot der Schellingschen Philosophie an die Stunde Null, und hierauf bezieht sich ganz wesentlich das Bedürfnis nach Schelling.“[23] Andererseits gedeiht das gegenwärtige theologische Gespräch mit Schelling auf dem Hintergrund der Geschichts- und Offenbarungsphilosophie. Immerhin zeigen sich im neuen Anlauf Schellings Umstände und Bedingungen, die ihm teilweise Fesseln anlegen. Deshalb wollen wir nun einige Zweifel und Zweideutigkeiten erörtern, selbst auf die Gefahr hin, daß dadurch die Richtigkeit und vielleicht auch die Glaubwürdigkeit der Schelling-Renaissance beeinträchtigt werden möchte.

Zuerst leidet die Wiedereinführung Schellings in die lebendige Philosophie unter der nicht wiedergutzumachenden Lücke der Überlieferung. Die Kontinuität der gedanklichen Entwicklung bricht ab. Während sich Hegel im Marxismus erhält und fortbestimmt, stirbt Schelling ohne philosophische Nachkommenschaft; es gab keinen echten Schellingianismus, es wird keinen geben – abgesehen von einer kurzen Periode der slawischen Philosophie. Solch ein Bruch macht einen qualvollen Umweg der persönlichen Aneignung nötig, um den Zugang zum Werk zurückzugewinnen. Eine andere, ebenfalls nicht auszutilgende Schwierigkeit stammt aus der eigentümlichen Physiognomie dieser Philosophie: Schellings Darstellung ist im Fortgang seiner Entwicklung zusehends mehr an

[22] Vgl. H.-J. Sandkühler, *4.27*, 13. [23] Ebenda.

die Methode des Potenzierens gebunden; die Potenzen mit ihren verschiedenen Gesichtern bilden das Gerippe und die Gliederung seines Denkens, ohne welche es sich in eine bunte Mannigfaltigkeit von Anschauungen auflöste. Aber die Potenzenmethode hat nicht eingeschlagen, ihr Gebrauch bleibt lediglich historisch, sie befremdet. Im Gegensatz dazu ist die Hegelsche Dialektik keinesfalls entkräftet.

Dagegen scheinen die Erforschung der Tiefen des Bewußtseins, die Vorgeschichte des Ichs, zukunftsträchtig zu sein – wie übrigens bei Maine de Biran. Hier, besonders in der Freiheitsschrift und in den *Weltaltern,* erweist sich Schelling als der geniale Bahnbrecher und Entdecker unbekannter Welten. Dennoch muß man darauf aufmerksam machen, daß die psychologischen und anthropologischen Untersuchungen stets eine vorhandene Ontotheologie voraussetzen. In diesem Sinne sind seine Anliegen (noch) nicht die unserigen, oder unsere Anliegen sind nicht (länger) die seinigen. Dasselbe gilt gewissermaßen für die Mythologie. Es ist bezeichnend, daß die bahnbrechende, obwohl überschwengliche Schrift von Gerbrand Dekker „Die Rückwendung zum Mythos“ betitelt war.[24] Das gegenwärtige Interesse betrifft weit mehr den Mythos, die Mythen und Symbole als die Mythologie und die Mythologien. Nun sind die Mythen bei Schelling im Rahmen oder eher in der Bewegung einer systematischen Konstruktion begriffen, welche die Mythen einem allgemeinen Logos unterordnet. Ein Abstand, also, eine Entfernung, liegt zwischen Schellings großartigem Versuch und den modernen Auffassungen, obschon bedeutende Mythenforscher wie W. F. Otto sich auf den Autor der *Philosophie der Mythologie* berufen haben. Selbst die Geschlossenheit des mythologischen Gebäudes im Sinne Schellings macht uns unschlüssig, was die Anwendung der einzelnen Analysen angeht. Aber es könnte sein, daß die Philosophie Schellings – als Herausforderung wenigstens – eine größere Zukunft auf einem Gebiet birgt, das eine Ähnlichkeit mit der philosophischen Mythologie aufweist: auf dem Gebiet der Naturphilosophie, die heute die große Abwesende

---

[24] Vgl. G. Dekker, *S.27.*

in der Enzyklopädie der philosophischen Wissenschaften ist. Freilich ist die Naturphilosophie mit der Wissenschaft gefallen, die ihr als Unterlage diente; auf Grund der Vernachlässigung des mathematischen Instrumentariums sind beide nicht mehr zu aktualisieren. Dennoch ist Schellings Philosophie der Natur das Vorbild eines kraftvollen Strebens nach der allgemeinen Erkenntnis des Weltalls und der Hinweis auf eine unumgängliche Aufgabe.

Immerhin ist die Spätphilosophie meistens Pol und Anziehungspunkt für neue Scharen der Forschung, entweder weil sie in ihr den unüberwundenen systematischen Schluß des Idealismus erkennen, oder weil sie die Vorwegnahme der Existenz, der Faktizität, der Geschichte, der abgründigen Freiheit (alles, was das Wort „positiv" einschließt) bewundern. In diesem Entweder-Oder liegt vielleicht eine Ambiguität des Erfolges Schellings. Wir spielten auf die Möglichkeit eines Mißverständnisses an. Eigentlich drückt es nur das Kreuz der Interpreten aus, die Scheidung der negativen und positiven Philosophie, letztes Janusgesicht des verfemten „Scharlatans"! Karl Marx hat in einem Brief vom 30. Oktober 1843 an Feuerbach die Fähigkeit Schellings, sich zu verkleiden, heftig getadelt. Es lohnt sich, die berühmten Verwünschungen noch einmal zu hören: „Wie geschickt hat Herr Schelling die Franzosen zu ködern gewußt, vorerst den schwachen eklektischen Cousin, später sogar den genialen Leroux. Dem Pierre Leroux und Seinesgleichen gilt Schelling nämlich immer noch als der Mann, der an die Stelle des transzendenten Idealismus den vernünftigen Realismus, der an die Stelle des abstracten Gedankens den Gedanken mit Fleisch und Blut, der an die Stelle der Fachphilosophie die Weltphilosophie gesetzt hat! Den französischen Romantikern und Mystikern ruft er zu: ‚Ich, die Vereinigung von Philosophie und Theologie', den französischen Materialisten: ‚Ich, die Vereinigung von Fleisch und Idee', den französischen Skeptikern: ‚Ich, der Zerstörer der Dogmatik', mit einem Wort: ‚Ich ... Schelling'!"[25]

[25] Vgl. Ausgewählte Briefe von und an Ludwig Feuerbach. Hg. v. W. Bolin, Bd. 2, Briefe 1838–1871, Leipzig 1904, 127.

Aber nachdem das Bild des Proteus verblaßt ist, bedeutet Schellings Vielfältigkeit und Anpassungsfähigkeit einen Reichtum an Möglichkeiten, deren mehrere noch auf ihre Verwirklichung harren. Der Fluch muß also dem Segen den Platz räumen. Denn wenngleich Schellings Philosophie im Acker der Zeit unfruchtbar bliebe – eine Hypothese, die wir nicht ganz abweisen können –, ist er doch als „lebendige Persönlichkeit des Erkennens" (VII 247) auferstanden. Er hatte sich dem Denken verpflichtet, also der Arbeit des Begriffs. Die Urwüchsigkeit seiner Anschauungen und der Glanz seiner Einbildungskraft gleichen seine Mängel aus. Die Schönheit der Sprache und der Adel des Geistes schmücken sein Werk, das wegen seiner zu hohen Ansprüche unvollendet geblieben ist: „Daß du nicht enden kannst, das macht dich groß." Eben in der Unvollendetheit steckt die geheime Vollendung, die Walter Schulz aufgewiesen hat. Wenn der Umgang mit Schelling, laut Knittermeyer, auf die Dauer eine gewisse Enttäuschung hervorruft, sind es doch zahlreiche Begleiter, die, wie Gabriel Marcel, flüchtig oder länger, in ihm einen „compagnon exaltant" preisen.

Zeittafel

Von Walter Schieche

1775 Am 27. Januar in Leonberg (Württemberg) geboren.
1784 Besuch der Lateinschule in Nürtingen.
1787 Unterricht bei Johann Friedrich Reuchlin und dem Vater im Höheren Seminar des Klosters Bebenhausen.
1790 Am 18. Oktober Eintritt ins Tübinger Stift, wo er während drei Jahren mit Hegel und Hölderlin verkehrt. Studium der Philosophie an der Universität in Tübingen.
1792 Im September Magister der Philosophie mit der Dissertation „Antiquissimi de prima malorum humanorum origine philosophematis genes. III. explicandi tentamen criticum et philosophicum".
Studium der Theologie.
1793 „Über Mythen, historische Sagen und Philosopheme der ältesten Welt".
1794 „Über die Möglichkeit einer Form der Philosophie überhaupt".
1795 Abschluß des Studiums mit der theologischen Dissertation „De Marcione Paullinarum epistolarum emendatore".
Weitere Arbeiten aus dem gleichen Jahr:
„Vom Ich als Princip der Philosophie oder über das Unbedingte im menschlichen Wissen" und „Philosophische Briefe über Dogmaticismus und Kriticismus".
1796 Er begleitet als Hofmeister die jungen Barone von Riedesel aus Darmstadt an die Universität in Leipzig. Studien in Mathematik, Naturwissenschaften und Medizin. „Neue Deduction des Naturrechts".

1797 „Ideen zu einer Philosophie der Natur".
„Allgemeine Übersicht der neuesten philosophischen Litteratur" (= „Abhandlungen zur Erläuterung des Idealismus der Wissenschaftslehre" in I 343–473).

1798 „Von der Weltseele, eine Hypothese der höheren Physik zur Erklärung des allgemeinen Organismus".
Im Sommer sechswöchiger Aufenthalt im Schlegelschen Kreise in Dresden.
Im Oktober als außerordentlicher Professor der Philosophie nach Jena; hält Vorlesungen über Naturphilosophie.

1799 „Erster Entwurf eines Systems der Naturphilosophie".
Beginn der Händel mit den Herausgebern der „Allgemeinen Literatur-Zeitung" C. G. Schütz und Gottlieb Hufeland.

1800 „System des transscendentalen Idealismus".
Im Frühjahr beginnt die von Schelling herausgegebene „Zeitschrift für spekulative Physik" zu erscheinen.
Im Sommer Reise in die Heimat; medizinische Studien in Bamberg; Tod von Karolines Tochter Auguste Böhmer.

1801 Im Januar kommt Hegel nach Jena; Zusammenarbeit mit ihm. Entfremdung von Fichte.
„Darstellung meines Systems der Philosophie".

1802 „Bruno oder über das göttliche und natürliche Princip der Dinge. Ein Gespräch".
Das zusammen mit Hegel herausgegebene „Kritische Journal der Philosophie" erscheint.
Doktor der Medizin der Universität in Landshut.
Erster Angriff von Franz Berg in „Lob der allerneuesten Philosophie".

1803 Am 26. Juni in Murrhardt vom Vater mit der von A. W. Schlegel geschiedenen Karoline, geb. Michaelis, getraut.
Als ordentlicher Professor nach Würzburg berufen.
„Vorlesungen über die Methode des academischen Studium".

Angriff von Friedrich Köppen: „Schellings Lehre oder das Ganze der Philosophie des absoluten Nichts", als Beilage drei „Briefe verwandten Inhalts" von F. H. Jacobi; C. G. Schütz' Abrechnung „Species facti [. . .]".

1804 „Philosophie und Religion".
In Gegnerschaft zu Schelling veröffentlichen Franz Berg „Sextus oder über die absolute Erkenntniß von Schelling", G. Ch. Grohmann „Dem Andenken Kants. Oder die neueren philosophischen Systeme in ihrer Nichtigkeit" und Kajetan Weiller „Der Geist der allerneuesten Philosophie der HH. Schelling, Hegel und Kompanie".

1805 In Zusammenarbeit mit Marcus gibt Schelling „Jahrbücher der Medicin als Wissenschaft" heraus.
Heftige Polemiken der „Oberdeutschen Allgemeinen Litteraturzeitung" in München.

1806 In München; Mitglied der Akademie der Wissenschaften. Öffentlicher Bruch mit Fichte in der „Darlegung des wahren Verhältnisses der Naturphilosophie zu der verbesserten Fichte'schen Lehre".

1807 Hegels Polemik gegen Schelling in der Vorrede zur „Phänomenologie des Geistes" führt zur Trennung Schellings von Hegel.
Rede vor der Akademie der Wissenschaften „Über das Verhältniß der bildenden Künste zu der Natur". Generalsekretär der Akademie der bildenden Künste in München.

1809 „Philosophische Untersuchungen über das Wesen der menschlichen Freyheit und die damit zusammenhängenden Gegenstände" in „F. W. J. Schelling's philosophische Schriften", Landshut 1809.
Am 7. September Tod von Karoline in Maulbronn während einer Reise zu seinen Eltern.

1810 Im Januar nach Stuttgart; Privatvorlesungen.
Im Oktober wieder in München; Beginn der vieljährigen Arbeit an den „Weltaltern".

1812 Auseinandersetzung mit Jacobi in „F. W. J. Schel-

ling's Denkmal der Schrift von den göttlichen Dingen etc. des Herrn Friedrich Heinrich Jacobi [...]".
Heirat mit Pauline Gotter am 11. Juni in Gotha.
Tod des Vaters am 5. Oktober.

1813 Herausgeber der „Allgemeine(n) Zeitschrift von Deutschen für Deutsche".
Am 17. Dezember Geburt seines ersten Sohnes Paul.

1818 Am 8. Juli Tod der Mutter.

1820 Ab Herbst Vorlesungen in Erlangen: Einleitung in die Philosophie, Philosophie der Mythologie und Geschichte der neuern Philosophie.

1823 Als Generalsekretär der Akademie der bildenden Künste zurückgetreten.

1827 Berufung an die Universität in München und Generalkonservator der staatlichen wissenschaftlichen Sammlungen.
Vorlesungen über Geschichte der neuern Philosophie, Philosophie der Mythologie und Philosophie der Offenbarung.
Als Vorstand der Akademie der Wissenschaften hält er bis 1840 die Eröffnungsreden zu den zweimal jährlich stattfindenden öffentlichen Sitzungen.

1835 Bis 1840 Lehrer für Philosophie des Kronprinzen, späteren Königs Maximilian II.
Unter dem Pseudonym Magis Amica Veritas erscheint die Polemik „Entdeckungen über die Entdeckungen unserer neuesten Philosophen" von Heinrich Eberhard Gottlob Paulus.

1841 Im Herbst wird Schelling als Gegengewicht zur Hegelschen Schule nach Berlin gerufen. Er liest Philosophie der Mythologie und Philosophie der Offenbarung. Die Berufung hat eine große Zahl von Schriften und Artikeln zum Verhältnis Hegel–Schelling zur Folge.

1842 Mitglied der Preußischen Akademie der Wissenschaften.

1843 Ohne Wissen Schellings veröffentlicht H. E. G. Paulus eine Vorlesungsnachschrift „Die endlich offenbar gewordene positive Philosophie der Offenbarung oder Entstehungsgeschichte, wörtlicher Text, Beurtheilung und Berichtigung der v. Schellingschen Entdeckungen über Philosophie überhaupt, Mythologie und Offenbarung des dogmatischen Christenthums im Berliner Wintercursus von 1841–42". Schelling verliert den Prozeß wegen unerlaubten Nachdrucks gegen Paulus.

1846 Weil er seine Vorlesungen gegen Nachdruck nicht geschützt sieht, beendet Schelling seine Vorlesungen an der Universität in Berlin und tritt nur noch in Vorträgen vor der Preußischen Akademie der Wissenschaften bis zum Jahre 1852 an die Öffentlichkeit. Im Sommer Reise nach Belgien und den Niederlanden.

1854 Am 20. August stirbt Schelling während einer Badekur in Bad Ragaz (Schweiz).
Am 13. Dezember Tod seiner Frau Pauline in Gotha.

Bibliographie

Von Walter Schieche

0. Bibliographien

0.1 Schneeberger, Guido, Friedrich Wilhelm Joseph von Schelling. Eine Bibliographie, Bern: Francke 1954. *Die sorgfältige, reichhaltige und übersichtliche Bibliographie enthält die Angabe aller Ausgaben der Werke und Briefe Schellings und der Literatur über Schelling in chronologischer Anordnung; ein Namenregister verweist auf die Autoren und alle sonstigen erwähnten Personen.*

0.2 Sandkühler, Hans Jörg, Friedrich Wilhelm Joseph Schelling, Stuttgart: J. B. Metzler 1970. *Bringt die über Schneeberger (0.1) hinausgehende Literatur über Schelling der Jahre 1954–69.*

1. Texte von Schelling

a) Gesamtausgaben

1.1 Friedrich Wilhelm Joseph von Schellings sämmtliche Werke, hg. v. Karl Friedrich August Schelling, 1. Abteilung: 10 Bde. (= I–X), 2. Abteilung: 4 Bde. (= XI–XIV), Stuttgart/Augsburg: J. G. Cotta 1856–61.

1.2 Schellings Werke. Nach der Originalausgabe [*1.1*] in neuer Anordnung hg. v. Manfred Schröter, 6 Hauptbände (=Schröter I–VI), 6 Ergänzungsbände (=Schröter VII–XII), München: C. H. Beck 1962–71. *Unver-*

änderter Nachdruck der Ausgabe 1927–59. Den Nachlaßband zu dieser Ausgabe „Die Weltalter“ s. 1.12. Eine historisch-kritische Ausgabe der Bayerischen Akademie der Wissenschaften ist in Vorbereitung. Die bei Friedrich Frommann/Günther Holzboog in Stuttgart erscheinende Ausgabe ist in vier Reihen gegliedert: I. Werke, II. Nachlaß, III. Briefe von und an Schelling, IV. Nachschriften von Vorlesungen Schellings durch Hörer. Parallel werden Rezensionen Schellingscher Werke und Dokumentenbände zur Biographie veröffentlicht. Der 1. Band der Reihe I (Werke) mit den Werken 1.3, 1.4, 1.5 wird 1975 erscheinen.

b) Wichtige Einzelschriften

1.3 Schelling, Friedrich Wilhelm Joseph, Antiquissimi de prima malorum humanorum origine philosophematis genes. III. explicandi tentamen criticum et philosophicum, Tübingen 1792 (I 1–40; Schröter VII 1–40).

1.4 –, Über Mythen, historische Sagen und Philosopheme der ältesten Welt, in: Memorabilien. Eine philosophisch-theologische Zeitschrift, Stück 5 (1793) 1–68 (I 41–83; Schröter I 1–43).

1.5 –, Über die Möglichkeit einer Form der Philosophie überhaupt, Tübingen: Jakob Friedrich Heerbrandt 1795 (I 85–112; Schröter I 45–72).

1.6 –, Vom Ich als Princip der Philosophie oder über das Unbedingte im menschlichen Wissen, Tübingen: Jakob Friedrich Heerbrandt 1795 (I 149–244; Schröter I 73–168).

1.7 –, Ideen zu einer Philosophie der Natur, Leipzig: Breitkopf und Härtel 1797 (II 1–344; Schröter I 653–723, VII 77–350).

1.8 –, System des transscendentalen Idealismus, Tübingen: J. G. Cotta 1800 (III 327–634; Schröter II 327–634).

1.9 –, Darstellung meines Systems der Philosophie, in: Zeitschrift für spekulative Physik, Bd. 2, Heft 2 (1801) S. III–XIV, 1–127 (IV 105–212; Schröter III 1–108).

1.10 –, Philosophische Untersuchungen über das Wesen der menschlichen Freyheit und die damit zusammenhängenden Gegenstände, in: –, Philosophische Schriften, Bd. 1, Landshut: Philipp Krüll 1809, 397–511 (VII 331–416; Schröter IV 223–308).

1.11 –, Die Weltalter. Bruchstück. (Aus dem handschriftlichen Nachlaß), in: VIII 195–344 (Schröter IV 571–720).

1.12 –, Die Weltalter. Fragmente. In den Urfassungen von 1811 und 1813 hg. v. Manfred Schröter, München: C. H. Beck 1966. *Unveränderter Nachdruck der ersten Auflage von 1946.*

1.12a Loer, Barbara, Das Absolute und die Wirklichkeit in Schellings Philosophie. Mit der Erstedition einer Handschrift aus dem Berliner Schelling-Nachlaß, Berlin/New York: Walter de Gruyter 1974. *Gibt das Fragment einer Abhandlung zu den ‚Weltaltern' (7 Manuskriptbogen) wieder und datiert es aufgrund technischer und philosophie-historischer Untersuchungen in die Jahre 1819, 1820.*

1.13 Schelling F.W.J., Einleitung in die Philosophie der Mythologie = XI (Schröter VI 1–254; V 431–772); Philosophie der Mythologie = XII (Schröter VI 255–387; XI).

1.14 –, Philosophie der Offenbarung = XIII (Schröter XII) und XIV (Schröter VI 389–759).

1.15 Fuhrmans, Horst, Dokumente zur Schellingforschung IV. Schellings Verfügung über seinen literarischen Nachlaß, in: Kant-Studien 51 (1959/60) 14–26. *Bringt die Abschrift von Schellings „Übersicht meines künftigen handschriftlichen Nachlasses" aus dem Familienbesitz und Anmerkungen dazu.*

c) Nachschriften

1.16 Schelling, F. W. J., Initia philosophiae universae. Erlanger Vorlesung WS 1820/21, hg. v. Horst Fuhrmans, Bonn: H. Bouvier 1969. *Der Titel der Nachschrift lau-*

tet: „Grundzüge der gesammten Philosophie"; der Nachschreiber ist Friedrich Leonhard Enderlein aus Ansbach.

1.17 –, Grundlegung der positiven Philosophie. Münchner Vorlesung WS 1832/33 und SS 1833, Bd. 1, hg. v. Horst Fuhrmans, Torino: Bottega d'Erasmo 1972. *Gibt die Nachschrift von G. Helmes.*

1.18 Koktanek, Anton Mirko, Schellings Seinslehre und Kierkegaard. Mit Erstausgabe der Nachschriften zweier Schelling-Vorlesungen von G. M. Mittermair und Sören Kierkegaard, München: R. Oldenbourg 1962. *Referiert die Philosophie der Weltalter wie die der Berliner Vorlesung 1841/42, nachdem zuvor die Problematik Kierkegaards und sein Verhältnis zu Schelling umrissen worden ist. Bringt S. 85–97 eine Textprobe der Mittermair-Nachschrift aus den dreißiger Jahren und S. 98–179 die Übersetzung der Kierkegaard-Nachschrift 1841/42.*

2. Briefeausgaben

2.1 (Plitt, Gustav Leopold), Aus Schellings Leben. In Briefen, 3 Bde. (= Plitt I–III), Leipzig: S. Hirzel 1869–70. *Aus der Feder des Sohnes Karl Friedrich August stammt das biographische Fragment „Schelling's Leben" (S. 1–179), das bis zum Jahre 1796 reicht. Für die übrigen Lebensepochen hat Plitt den Briefen biographische Hinweise zwischengeschoben.*

2.2 F. W. J. Schelling. Briefe und Dokumente, hg. v. Horst Fuhrmans, Bd. 1: 1775–1809, Bd. 2: Zusatzband 1775–1803, Bonn: H. Bouvier 1962, 1973. *Auf den Spuren der Hegel- und Hölderlin-Forschung hat Fuhrmans umfangreiches Material zusammengetragen.*

2.3 Schellings Briefwechsel mit Niethammer vor seiner Berufung nach Jena, hg. v. Georg Dammköhler (= Hegel-Archiv, Bd. II, Heft 1) Leipzig: Felix Meiner 1913.

2.4 Fichte–Schelling Briefwechsel, hg. v. Walter Schulz, Frankfurt a. M.: Suhrkamp 1968. *W. Schulz schickt dem Briefwechsel, dem die Ausgabe von Hans Schulz, J. G.*

Fichte. Briefwechsel. Kritische Gesamtausgabe, Bd. 2, Leipzig 1925, zugrunde liegt, als Einleitung voraus: „Fichtes und Schellings philosophische Entwicklung im Grundriß“ (S. 14–50).

2.5 Schelling und Cotta. Briefwechsel 1803–1849, hg. v. Horst Fuhrmans und Liselotte Lohrer, Stuttgart: Ernst Klett 1965.

2.6 König Maximilian II. von Bayern und Schelling. Briefwechsel, hg. v. Ludwig Trost und Friedrich Leist, Stuttgart: J. G. Cotta 1890.

3. Zu Schellings Leben

3.1 Klaiber, Julius, Hölderlin, Hegel und Schelling in ihren schwäbischen Jugendjahren, Stuttgart: J. G. Cotta 1877. *Besonders zu Schellings Aufenthalt im Tübinger Stift.*

3.2 Pölcher, Helmut, Schellings Auftreten in Berlin (1841) nach Hörerberichten, in: Zeitschrift für Religions- und Geistesgeschichte 6 (1954) 193–215. *Einige zeitgenössische Zeugnisse über die Berliner Zeit.*

3.3 Tilliette, Xavier (Hrsg.), Schelling im Spiegel seiner Zeitgenossen, Torino: Bottega d'Erasmo 1974. *Sammelt etwa 600 zeitgenössische Äußerungen zu Begegnungen mit Person und Philosophie Schellings, dazu 20 Gedichte an Schelling.*

Eine eigentliche, Schellings Leben umfassende Biographie existiert nicht. Zum Leben berichten Briefeausgaben und Gesamtdarstellungen von Leben und Werk; s. besonders 2.1, 2.2, 4.1, 4.4, 4.5, 4.7, 4.17.

4. Zum Gesamtwerk Schellings

a) Allgemeine Darstellungen

4.1 Fischer, Kuno, Schellings Leben, Werke und Lehre (= Geschichte der neuern Philosophie, Bd. 7), Heidelberg: Carl Winter [3]1902. *Klassische Darstellung von Leben und Werk.*

4.2 Hartmann, Eduard von, Schelling's philosophisches System, Leipzig: Hermann Haacke 1897. *Nachdem die Anregung durch andere Denker auf Schelling geschildert wurde, werden die wichtigsten Gebiete seiner Philosophie abgehandelt, wie die Lehre von der intellektuellen Anschauung, die Erkenntnistheorie, die Prinzipienlehre, die Natur- und die Geistesphilosophie.*

4.3 Hartmann, Nicolai, Die Philosophie des deutschen Idealismus, Berlin/New York: Walter de Gruyter ³1974. *Das Kapitel „Schelling" S. 107–159 gibt eine kurze Gesamtdarstellung, die sich an die gebräuchliche Einteilung von Schellings Philosophie hält.*

4.4 Jaspers, Karl, Schelling. Größe und Verhängnis, München: Piper 1955. *Mit psychologischem Einfühlungsvermögen geschriebene Studie über Leben und Werk. Schelling wird als ein genialer, neue Sichtweisen eröffnender Anreger gesehen, aber seine Lösungen, indem sie das Absolute dem Denken verfügbar machen wollen, werden als gnostische Verirrungen abgelehnt.*

4.5 Rosenkranz, Karl, Schelling. Vorlesungen, gehalten im Sommer 1842 an der Universität zu Königsberg, Aalen: Scientia Verlag 1969. Neudruck der Ausgabe Danzig 1843. *Vor dem Hintergrund der aktuellen Auseinandersetzung Schellings mit Hegels Philosophie gehalten, vermeidet Rosenkranz auf Berichte aus zweiter Hand einzugehen und zieht Schellings Schriften heran, angefangen bei „Antiquissimi [. . .]".*

4.6 Tilliette, Xavier, Schelling. Une philosophie en devenir, 2 Bde., Paris: Librairie philosophique J. Vrin 1970. *Ein Hauptwerk der Schelling-Forschung; im Anhang zu Bd. 2 ein Bericht über den Berliner Nachlaß.*

4.7 Zeltner, Hermann, Schelling, Stuttgart: Fr. Frommann 1954. *Einem Überblick über Schellings Leben und die Epochen seiner Philosophie folgt die Darstellung der Philosophie „nach ihren wesentlichen Gegenständen", das sind Ich, Geist, Natur, Geschichte, Recht und Staat, Kunst, Gott, Freiheit, Sein.*

b) Spezielle Aspekte

4.8 Allwohn, Adolf, Der Mythos bei Schelling (= Kant-Studien, Ergänzungsheft 61) Charlottenburg: Pan-Verlag Rolf Heise 1927. *Der Begriff des Mythos habe sich bei Schelling vom historisch-rationalistischen über den ästhetischen zum religiösen gewandelt.*

4.9 Balthasar, Hans Urs von, Prometheus. Studien zur Geschichte des deutschen Idealismus, Heidelberg: F. H. Kerle 1947. *Das Kapitel „Schelling" S. 204–251 gliedert sich in „Das dionysische Gesetz", „Metaphysik als Apokalypse" und „Philosophie der Freiheit".*

4.10 Bracken, Joseph A., Freiheit und Kausalität bei Schelling, Freiburg/München: Karl Alber 1972. *Ein Versuch, an Hand eines „Denkmodells" die anscheinend widerstreitenden Aussagen der Schellingschen Philosophie zum Thema ‚Freiheit–System–Geschichte' dem Verständnis zu erschließen.*

4.11 Coreth, Emerich, Schellings Weg zu den Weltaltern. Ein problemgeschichtlicher Durchblick, in: Bijdragen. Tijdschrift voor Filosofie en Theologie 20 (1959) 398–410. *Schon in der Schrift „Vom Ich [. . .]" habe Schelling den transzendentalphilosophischen Ansatz Kants und Fichtes gesprengt durch den „Zug ins Objektive" bzw. ins „Mystische". Die Frage nach „der Abkunft der endlichen Dinge aus dem Absoluten" habe dann Schellings Denken über das Identitätssystem, das keine Lösung brachte, hinausgetrieben und im Aufgreifen des christlichen Schöpfungsbegriffes einer Lösung nähergebracht.*

4.12 Gent, Werner, Die Kategorien des Raumes und der Zeit bei F. W. J. Schelling, in: Zeitschrift für philosophische Forschung 8 (1954) 353–377.

4.13 Habermas, Jürgen, Das Absolute und die Geschichte. Von der Zwiespältigkeit in Schellings Denken, Diss. Bonn 1954. *Das Denken Schellings werde durch die Problematik vorangetrieben, wie angesichts der Faktizität des Wirklichen und der endlichen Freiheit des Menschen das Absolute zu fassen sei.*

4.14 Hablützel, Rudolf, Dialektik und Einbildungskraft. F. W. J. Schellings Lehre von der menschlichen Erkenntnis, Basel: Verlag für Recht und Gesellschaft 1954. *Alles was Schelling über die Bedingungen und die Entstehung des Bewußtseins aussage, habe seine Grundlegung im Ansatz einer vorbewußten Identität von Mensch und Welt.*

4.15 Haym, Rudolf, Die romantische Schule. Ein Beitrag zur Geschichte des deutschen Geistes, Darmstadt: Wissenschaftliche Buchgesellschaft 1972. Nachdruck der Ausgabe Berlin [1]1870. *Die Einbindung Schellings in die romantische Bewegung wird bis ins einzelne verfolgt.*

4.16 Hayner, Paul Collins, Reason and Existence. Schelling's philosophy of history, Leiden: E. J. Brill 1967.

4.17 Hollerbach, Alexander, Der Rechtsgedanke bei Schelling. Quellenstudien zu seiner Rechts- und Staatsphilosophie, Frankfurt a. M.: Vittorio Klostermann 1957. *Eingehende, auf Quellen zurückgreifende Untersuchung von Schellings Verhältnis zum Recht in Theorie und Praxis. Die genaue Kenntnis der Sekundärliteratur ermöglichte eine reichhaltige Kommentierung.*

4.18 Holz, Harald, Spekulation und Faktizität. Zum Freiheitsbegriff des mittleren und späten Schelling, Bonn: H. Bouvier 1970. *Die perspektivenreiche Untersuchung der Weltalterspekulation und der Spätphilosophie sucht die formal gleichbleibende Struktur von Schellings Systematik insbesondere am Begriff des Absoluten (d. h. an der spekulativen Reflexion auf die Freiheit und ihre Voraussetzungen) aufzuweisen. Anstelle der kritisierten Legende einer wesentlichen Abhängigkeit Schellings von Böhme wird der Zusammenhang der Schellingschen Philosophie mit der „metaphysischen Tradition", insbesondere mit neuplatonischen und patristischen Denkern hervorgehoben und an den zentralen Themen der Spekulation: Denken-Sein, Vernunft-Transzendenz, Apriorität-Erfahrung, Vielheit-Einheit verdeutlicht.*

4.19 Jähnig, Dieter, Philosophie und Weltgeschichte bei Schelling, in: Studia philosophica. Jahrbuch der Schweizerischen Philosophischen Gesellschaft 30/31 (1970/71) 126 bis 166.

4.20 Knittermeyer, Hinrich, Schelling und die romantische Schule, München: Ernst Reinhardt 1929. *In der umfangreichen Untersuchung werden immer auch die Parallelen der verhandelten Problematik bei den anderen Romantikern gezeigt.*

4.21 Kroner, Richard, Von Kant bis Hegel, Bd. 1: „Von der Vernunftkritik zur Naturphilosophie", Bd. 2: „Von der Naturphilosophie zur Philosophie des Geistes", Tübingen: J. C. B. Mohr 1921, 1924. *In geradliniger Konstruktion erscheint der frühe Schelling (bis 1804) als eine Vorstufe zur Höhe der Hegelschen Philosophie.*

4.22 Lüthi, Kurt, Gott und das Böse. Eine biblisch-theologische und systematische These zur Lehre vom Bösen, entworfen in Auseinandersetzung mit Schelling und Karl Barth, Zürich/Stuttgart: Zwingli Verlag 1961.

4.23 Metzger, Wilhelm, Die Epochen der Schellingschen Philosophie von 1795 bis 1802. Ein problemgeschichtlicher Versuch, Heidelberg: Carl Winter 1911. *Eine Einführung in den Denkprozeß des jungen Schelling.*

4.24 Oeser, Erhard, Begriff und Systematik der Abstraktion. Die Aristotelesinterpretation bei Thomas von Aquin, Hegel und Schelling als Grundlegung der philosophischen Erkenntnislehre, Wien/München: R. Oldenbourg 1969. *Der Teil 4 heißt „Schelling (Die Aufhebung der negativen Philosophie)" S. 330–445. Die Systematik der Abstraktion sei mit Schelling vollendet, indem er in der absoluten Abstraktion die Abstraktion als Sein und Denken, Theorie und Praxis trennendes Prinzip aufgehoben habe.*

4.25 Platenius, Otto, Schellings Fortführung der Lehre Kants vom Bösen. Ein Beitrag zur Religionsphilosophie des deutschen Idealismus, Diss. Hilchenbach: Adolf Wesener Nachf. 1928.

4.26 Portmann, Stephan, Das Böse – die Ohnmacht der Vernunft. Das Böse und die Erlösung als Grundprobleme in

Schellings philosophischer Entwicklung, Meisenheim am Glan: Anton Hain 1966. *Geht ausführlich Schellings Ringen mit dem Problem des Bösen nach.*

4.27 Sandkühler, Hans-Jörg, Freiheit und Wirklichkeit. Zur Dialektik von Politik und Philosophie bei F. W. J. Schelling. Mit einem Anhang unveröffentlichter Briefe von L. Feuerbach, A. Ruge und J. F. Molitor, Frankfurt a. M.: Suhrkamp 1968. *Geht den Motiven nach, welche Schelling veranlassen, eine negative Funktion des Politischen zu behaupten.*

4.28 Schmidt, Friedrich W., Zum Begriff der Negativität bei Schelling und Hegel, Stuttgart: J. B. Metzlersche Verlagsbuchhandlung 1971. *Im Anhang folgen „Anmerkungen zur marxistischen Rezeption Schellings", so bei Marx/Engels, Georg Lukács und Ernst Bloch.*

4.29 Tillich, Paul, Mystik und Schuldbewußtsein in Schellings philosophischer Entwicklung, Diss. 1912, in: Frühe Hauptwerke. Gesammelte Werke, Bd. 1, Stuttgart: Evangelisches Verlagswerk 1959.

4.30 Wild, Christoph, Reflexion und Erfahrung. Eine Interpretation der Früh- und Spätphilosophie Schellings, Freiburg/München: Karl Alber 1968. *„In der ersten und in der letzten Epoche der Schellingschen Philosophie findet ein Übergang statt von einer reinen Reflexion, in der die Erfahrung lediglich als das zu Begreifende [. . .] der Reflexion äußerlich bleibt, zu einer empirischen Reflexion, einer Art Empirismus in der Philosophie selbst [der Natur- bzw. der positiven Philosophie]." S. 13.*

4.31 Zeltner, Hermann, Schellings philosophische Idee und das Identitätssystem, Heidelberg: Carl Winter 1931. *„Seitdem die Einheit des philosophischen Kosmos der Identitätsphilosophie durch die Zerstörung der letzten Prinzipien dieser Einheit zerstört ist, sieht Schelling erst die wahre Problematik, die sich hinter dem Rätsel der Wirklichkeit verborgen hält." S. 126.*

5. Zu einzelnen „Epochen" der Philosophie Schellings

a) Anfänge

5.1 Hartlich, Christian / Sachs, Walter, Der Ursprung des Mythosbegriffes in der modernen Bibelwissenschaft, Tübingen: J. C. B. Mohr 1952. *Im Abschnitt „Schellings theologische Jugendarbeiten" S. 56–58 wird gesagt, Schelling ginge nicht über die prinzipiellen und methodischen Einsichten der Schule von J.G. Eichhorn hinaus.*

Auf die Jugendschriften 1.3 und 1.4 kommen zahlreiche Gesamtdarstellungen im Zusammenhang der historischen Entwicklung Schellings zu sprechen.

b) Transzendentalphilosophie

5.2 Das älteste Systemprogramm. Studien zur Frühgeschichte des deutschen Idealismus, hg. v. Rüdiger Bubner (= Hegel-Studien, Beiheft 9) Bonn: Bouvier Verlag Herbert Grundmann 1973. *Die Autorschaft kann noch nicht als endgültig entschieden gelten, obgleich besonders vom Reflexionsniveau und vom Inhalt her gewichtige Argumente (Düsing, Pöggeler) die Verfasserschaft Hegels nahezulegen scheinen. Die Beiträge von Dieter Henrich, Hermann Braun, Xavier Tilliette, Klaus Düsing, Hannelore Hegel, Friedrich Strack, Hans Maier, Joh. Heinrich Trede und Otto Pöggeler untersuchen sowohl das literarische Genus, den Stil, den Inhalt des Textes wie auch den Stand der philosophischen Diskussion um die Zeit der Niederschrift bei Schelling, Hegel, Hölderlin und Sinclair. Im Anhang eine sorgfältige Edition des Textes. Vgl. 5.8.*

5.3 Holz, Harald, Die Struktur der Dialektik in den Frühschriften von Fichte und Schelling, in: Archiv für die Geschichte der Philosophie 52 (1970) 71–90.

5.4 Jähnig, Dieter, Schelling. Die Kunst in der Philosophie.

Bd. 1: Schellings Begründung von Natur und Geschichte, Bd. 2: Die Wahrheitsfunktion der Kunst, Pfullingen: Neske 1966, 1969. *Untersucht die hervorragende Rolle der Kunst in der Philosophie Schellings am Beispiel seiner Lehre im „System des transzendentalen Idealismus".*

5.5 Marquard, Odo, Über die Depotenzierung der Transzendentalphilosophie. Einige philosophische Motive eines neueren Psychologismus in der Philosophie, Habil. Münster 1962.

5.6 Marx, Werner, Grundbegriffe der Geschichtsauffassung bei Schelling und Habermas, in: Philosophisches Jahrbuch 81 (1974) 50–76. *Über Schellings Geschichtsbegriff im „System des transzendentalen Idealismus".*

5.7 Meier, Fritz, Die Idee der Transzendentalphilosophie beim jungen Schelling, Winterthur: P. G. Keller 1961. *Versucht den Nachweis, daß Schelling in seinem Entwicklungsgang zwischen 1795 und 1804 die idealistisch-erkenntnisphilosophische Grundeinstellung trotz aller ontologisierenden Tendenzen nicht aufgebe, daß vielmehr jene ihre Priorität bewahren könne.*

5.8 Rosenzweig, Franz, Das älteste Systemprogramm des deutschen Idealismus. Ein handschriftlicher Fund (= Sitzungsberichte der Heidelberger Akademie der Wissenschaften Philosophisch-historische Klasse, Jg. 1917, Abhandlung 5) Heidelberg: Carl Winter 1917. *Kommt zum Schluß, daß Hegel das „Systemprogramm" von einer Schellingschen Urschrift abgeschrieben habe. Vgl. 5.2.*

5.9 Schulz, Walter, Einleitung, in: F. W. J. Schelling, System des transzendentalen Idealismus, hg. v. Ruth-Eva Schulz (= Philosophische Bibliothek Bd. 254) Hamburg: Felix Meiner ²1962, S. IX–XLIV. *Das Inhaltsverzeichnis zum „System [...]" enthält zusätzliche Gliederungshinweise. Im Literaturverzeichnis weitergehende Verweise zum Thema Transzendentalphilosophie.*

5.10 Schurr, Adolf, Philosophie als System bei Fichte, Schelling und Hegel, Stuttgart-Bad Cannstatt: Frommann-Holzboog 1974. *Der Versuch einer Systembegründung durch Schelling scheitere daran, daß er im Indifferenzpunkt keine wahre Deduktionsmöglichkeit finden könne.*

Vgl. auch 4.11, 4.30, 7.3, 7.4, 7.6.

c) Naturphilosophie

5.11 Hartkopf, Werner, Studien zur Entwicklung der modernen Dialektik. Die Dialektik in Schellings Ansätzen zu einer Naturphilosophie, Meisenheim am Glan: Anton Hain 1972. *Versuch, in Auseinandersetzung mit Schellings dialektischen Ansätzen in seiner Naturphilosophie bis 1800 die Dialektik auf ihre Leistungsfähigkeit für eine moderne Naturphilosophie zu prüfen.*

5.12 Schilling, Kurt, Natur und Wahrheit. Untersuchung über Entstehung und Entwicklung des Schellingschen Systems bis 1800, München: Ernst Reinhardt 1934. *Schelling gehe bis 1800 nicht über das hinaus, was Kant in der Kritik der Urteilskraft grundgelegt habe.*

5.13 Wieland, Wolfgang, Die Anfänge der Philosophie Schellings und die Frage nach der Natur, in: „Natur und Geschichte. Karl Löwith zum 70. Geburtstag", Stuttgart/Berlin/Köln/Mainz: W. Kohlhammer 1967, S. 406–440. *Gerade der differente Ansatz gegenüber Kant und Fichte mache die Position von Schellings Naturphilosophie deutlich, indem Bewußtsein überhaupt wie auch die philosophische Reflexion die Natur bzw. einen Naturzustand zur Voraussetzung haben.*

Vgl. auch 5.16, 8.3.

d) Identitätsphilosophie

5.14 Geißler, Erich E., Das Eine und das Viele. Eine Interpretationsstudie zu Schellings Identitätsphilosophie, in: Scholastik. Vierteljahresschrift für Theologie und Philosophie 39 (1964) 67–86.

5.15 Hartmann, Eduard von, Das philosophische Dreigestirn des neunzehnten Jahrhunderts. Eine historisch-kritische Einleitung in die Philosophie des Unbewußten, in: ders., Gesammelte Studien und Aufsätze gemeinverständlichen Inhalts, Berlin: Carl Duncker 1876. *Handelt neben Hegels Panlogismus und Schopenhauers Panthelismus über Schellings Identitätsphilosophie (S. 577–603) und die positive Philosophie (S. 650–720), welche als die Einheit von Hegel und Schopenhauer gesehen wird.*

5.16 Holz, Harald, Die Beziehungen zwischen Schellings ‚Naturphilosophie' und dem Identitätssystem in den Jahren 1801/02, in: Philosophisches Jahrbuch 78 (1971) 260–294.

Vgl. auch 4.6, 4.31, 7.2, 7.3, 7.5.

e) Philosophie der Freiheit

5.17 Fuhrmans, Horst, Einleitung, in: F. W. J. Schelling, Über das Wesen der menschlichen Freiheit, Stuttgart: Philipp Reclam jun. 1964 (= Universal-Bibliothek Nr. 8913–15) S. 3–38.

5.18 Heidegger, Martin, Schellings Abhandlung Über das Wesen der menschlichen Freiheit (1809), hg. v. Hildegard Feick, Tübingen: Max Niemeyer 1971. *Die Vorlesung aus dem Jahre 1936 kommentiert die Schrift Schellings. Beigegeben sind Vorbereitungsnotizen zu Seminaren über Schelling aus den Jahren 1941–1943.*

Vgl. auch 4.10, 4.27, 5.32, 5.37.

f) Philosophie der Weltalter

5.19 Fuhrmans, Horst, Schellings Philosophie der Weltalter. Schellings Philosophie in den Jahren 1806–1821. Zum Problem des Schellingschen Theismus, Düsseldorf: L. Schwann 1954.

5.20 –, Dokumente zur Schellingforschung, in: Kant-Studien 47 (1955/56) 182–191, 273–287, 378–396. *Die Berichte betreffen die Stuttgarter Privatvorlesungen und die Vorlesung vom WS 1827/28.*

5.21 Habermas, Jürgen, Dialektischer Idealismus im Übergang zum Materialismus – geschichtsphilosophische Folgerungen aus Schellings Idee einer Contraction Gottes, in: ders., Theorie und Praxis. Sozialphilosophische Studien, Frankfurt a. M.: Suhrkamp [4]1971 (= suhrkamp taschenbuch 9) S. 172–227.

5.22 Krings, Hermann, Das Prinzip der Existenz in Schellings „Weltaltern", in: Symposion. Jahrbuch für Philosophie 4 (1955) 335–347. *Das Prinzip Existenz sei Schellings wesentlicher, ja epochemachender Beitrag zur philosophischen Entwicklung.*

5.23 Schröter, Manfred, Kritische Studien. Über Schelling und zur Kulturphilosophie, München: R. Oldenbourg 1971. *Sammlung verstreut erschienener Abhandlungen und Reden aus den Jahren 1906 bis 1964, darunter S. 11–51 die Dissertation (1908) und S. 89–110 der aufschlußreiche Bericht über den Münchner Schelling-Nachlaß: „Die Urfassungen von Schellings ‚Weltaltern'".*

5.24 Stüttler, Josef A., Schellings Philosophie der Weltalter, in: Zeitschrift für philosophische Forschung 16 (1962) 600–615. *Schelling hätte sich in den Weltaltern Spinoza mehr genähert, als es die Forschung bisher zugestehen will; doch hätte die Basis seines Grundansatzes zu einer systematischen Aufarbeitung seines Dranges zur Objektivität nicht ausgereicht.*

5.25 Wieland, Wolfgang, Schellings Lehre von der Zeit. Grundlagen und Voraussetzungen der Weltalterphilosophie, Heidelberg: Carl Winter 1956. *Zeigt, wie die Fundamentalerfahrung der Zeitlichkeit von Schelling reflektiert und interpretiert und systembildend gebraucht wird.*

Vgl. auch 1.12a, 4.11, 4.18.

g) Spätphilosophie

5.26 Coreth, Emerich, Sinn und Struktur der Spätphilosophie, in: Bijdragen. Tijdschrift voor Filosofie en Theologie 21 (1960) 180–190.

5.27 Dekker, Gerbrand, Die Rückwendung zum Mythos. Schellings letzte Wandlung, München/Berlin: R. Oldenbourg 1930. *Der Vergleich der Philosophie der Mythologie in 1.13 mit dem ursprünglicheren Konzept, das sich in einer Kollegnachschrift erhalten hat, zeige, daß die Philosophie ihre Vormachtstellung zugunsten einer Rückwendung zum Mythos verloren habe. Sucht die Philosophie der Mythologie in einer „erweiterten Fassung" für eine erneuerte Religionsphilosophie fruchtbar zu machen. Im Gegensatz zu Dekkers Datierung auf 1830/31 ordnet Fuhrmans (5.32 S. 328 Anm.) das Kollegheft dem SS 1828, WS 1828/29 und SS 1829 zu.*

5.28 Dempf, Alois, Weltordnung und Heilsgeschichte, Einsiedeln: Johannes Verlag 1958. *In den Abhandlungen „Schellings Größe und Tragik" S. 13–29, „Zeit und Ewigkeit oder Was ist positive Philosophie?" S. 31–51, Kierkegaard hört Schelling" S. 53–77 sucht der Verf. die Deutungen der Schellingschen Philosophie durch Schopenhauer, Kierkegaard, Paulus u. a. bis in die heutige Zeit hinein als Mißverständnisse aufzuweisen und Schelling als christlichen Philosophen, der die Synthese von Glauben und Wissen geleistet hat, darzustellen.*

5.29 Ertel, Christoph, Schellings positive Philosophie, ihr Werden und Wesen (Diss. Freiburg/Schweiz), Limburg/Lahn: Pallottiner Verlag 1933. *Kommt nach einer Analyse der positiven Philosophie zu dem Ergebnis, daß Schelling zwar den Idealismus überwinden wolle, eine neue Weise der Wirklichkeitserfassung postuliere, aber an der wissenschaftlich-philosophischen Erkenntnis und Durchdringung dieses Postulates scheitere.*

5.30 Fackenheim, Emil L., Schellings Begriff der positiven Philosophie, in: Zeitschrift für philosophische Forschung 8 (1954) 321–335.

5.31 Frantz, Konstantin, Schellings positive Philosophie. Nach ihrem Inhalt wie nach ihrer Bedeutung für den allgemeinen Umschwung der bis jetzt noch herrschenden Denkweise dargestellt, Aalen: Scientia Verlag 1968. *Neudruck der Ausgabe Köthen 1879–1880. Erste groß angelegte Darstellung der Spätphilosophie.*

5.32 Fuhrmans, Horst, Schellings letzte Philosophie. Die negative und die positive Philosophie im Einsatz des Spätidealismus, Berlin: Junker und Dünnhaupt 1940. *Eine ausführliche Gesamtdarstellung der Spätphilosophie unter Berücksichtigung des historischen Hintergrundes. Im Anhang Hinweise auf den vernichteten Münchner Nachlaß.*

5.33 –, Der Ausgangspunkt der Schellingschen Spätphilosophie (Dokumente zur Schellingforschung), in: Kant-Studien 48 (1956/57) 302–323. *Zu den Vorlesungen zwischen 1827 und 1833, vgl. auch 5.20.*

5.34 Groos, Karl, Die Reine Vernunftwissenschaft. Systematische Darstellung von Schellings rationaler oder negativer Philosophie, Heidelberg: Georg Weiß 1889.

5.35 Kasper, Walter, Das Absolute in der Geschichte. Philosophie und Theologie der Geschichte in der Spätphilosophie Schellings, Mainz: Matthias-Grünewald-Verlag 1965. *Ein umfassend angesetzter Versuch, das Denken des späten Schelling über die Geschichte für die Theologie der Gegenwart fruchtbar zu machen.*

5.36 Oeser, Erhard, Die antike Dialektik in der Spätphilosophie Schellings. Ein Beitrag zur Kritik des Hegelschen Systems, Wien/München: R. Oldenbourg 1965. *Im Rückgriff auf Plato/Aristoteles habe Schelling versucht, die absolute Dialektik Hegels zu überwinden, aber dabei die Grenzen der Philosophie als Wissenschaft gesprengt.*

5.37 Schulz, Walter, Die Vollendung des deutschen Idealismus in der Spätphilosophie Schellings, Stuttgart/Köln: W. Kohlhammer 1955. *In der die Philosophie des späten Schelling vorantreibenden „Frage nach der Möglichkeit der Selbstkonstitution der auf sich gestellten Sub-*

jektivität" komme Schelling zu dem Ergebnis, daß die Vernunft zu ihrem Seinsvollzug immer schon ermächtigt worden, vermittelte Selbstvermittlung sei.

5.38 Stüttler, Josef Anton, Das Gottesproblem im Spätwerk Schellings. Ein Beitrag zur Interpretation der Schellingschen Spätphilosophie, in Scholastik. Vierteljahresschrift für Theologie und Philosophie 36 (1961) 73–83.

5.39 Volkmann-Schluck, Karl-Heinz, Mythos und Logos. Interpretation zu Schellings Philosophie der Mythologie, Berlin: Walter de Gruyter 1969.

Vgl. auch 4.6, 4.18, 4.30, 5.15, 7.7, 7.8, 7.9, 8.4.

6. Schellings Verhältnis zur philosophischen Tradition

6.1 Beierwaltes, Werner, Platonismus und Idealismus, Frankfurt a. M.: Vittorio Klostermann 1972. *Behauptet an Stelle der „Böhme-Legende" die Verwandtschaft des Schellingschen Gedankengutes mit dem Neuplatonismus und bringt zum Nachweis Stücke aus dem Berliner Nachlaß. Vgl. auch 4.18.*

6.2 Benz, Ernst, Swedenborg als geistiger Wegbereiter der deutschen Romantik und des deutschen Idealismus', Leipzig: Richard Hummel 1940. *Zeigt im 3. Teil an einem Fragment aus dem handschriftlichen Nachlaß: „Über den Zusammenhang der Natur mit der Geisterwelt. Ein Gespräch" den vehementen Einfluß Swedenborgs.*

6.3 –, Schelling. Werden und Wirken seines Denkens, Zürich: Rhein-Verlag 1955. *Eine Sammlung von Arbeiten zu den Themen: „Die Mystik in der Philosophie des deutschen Idealismus", „Das pietistische Erbe in der Philosophie des deutschen Idealismus", „Schwäbische Gigantomachie (Schelling, Hegel, Paulus)", „Schelling und das ibero-amerikanische Geistesleben".*

6.4 –, Schellings theologische Geistesahnen (= Akademie der Wissenschaften und Literatur. Abhandlungen der geistes- und sozialwiss. Klasse, Jg. 1955, Nr. 3) Mainz: Verlag der Akademie der Wissenschaften und der Literatur 1955. *Versucht den Nachweis, daß Schellings Denken wesentlich beeinflußt wird von der Bibel, der Mystik, besonders bei J. Böhme und Swedenborg, und dem schwäbischen Pietismus, vor allem in der Gestalt Oetingers.*

6.6 –, Les sources mystiques de la philosophie romantique allemande, Paris: Libraire philosophique J. Vrin 1968. *Über die Einflüsse durch Bengel, Böhme, Oetinger und Meister Eckehart.*

6.7 Bruneder, Gertrud, Das Wesen der menschlichen Freiheit bei Schelling und sein ideengeschichtlicher Zusammenhang mit Jakob Böhmes Lehre vom Ungrund, in: Archiv für Philosophie 8 (1958) 101–115.

6.8 Horn, Friedemann, Schelling und Swedenborg. Ein Beitrag zur Problemgeschichte des deutschen Idealismus und zur Geschichte Swedenborgs in Deutschland nebst einem Anhang über K. C. F. Krause und Swedenborg sowie Ergänzungen zu R. Schneiders Forschungen *(= 6.11)*, Zürich: Swedenborg-Verlag 1954.

6.9 Leese, Kurt, Von Jakob Böhme zu Schelling. Zur Metaphysik des Gottesproblems, Erfurt: Kurt Stenger 1927. *Über die Gotteslehre bei Jakob Böhme und Friedrich Christoph Oetinger und die Einflüsse beider auf Schelling. Eine Schrift, die mehr Umrisse skizziert als ins einzelne dringt.*

6.10 Lütgert, Wilhelm, Die Religion des deutschen Idealismus und ihr Ende, Bd. 1: Die religiöse Krisis des deutschen Idealismus, Bd. 2: Idealismus und Erweckungsbewegung im Kampf und im Bund, Bd. 3: Höhe und Niedergang des Idealismus, Hildesheim: Georg Olms 1967. Nachdruck der Ausgabe Gütersloh 1923, 1925. *Der geistesgeschichtliche Zusammenhang, in dem hier Schelling erscheint, eröffnet interessante Perspektiven für das Verständnis seiner Philosophie.*

6.11 Schneider, Robert, Schellings und Hegels schwäbische Geistesahnen, Würzburg-Aumühle: Konrad Triltsch

1938. *Das Gedankengut Schellings und Hegels, ihre Anthropologie und ihre Naturphilosophie ebenso wie ihre Theologie seien tief im geistigen Württemberg des 18. Jahrhunderts verwurzelt.*

6.12 Schulze, Wilhelm August, Oetingers Beitrag zur Schellingschen Freiheitslehre, in: Zeitschrift für Theologie und Kirche 54 (1957) 213–225.

Vgl. auch 4.18, 4.24, 4.25, 5.1, 5.2, 5.36.

7. Schellings Auseinandersetzung mit Zeitgenossen

7.1 Brüggen, Michael, Jacobi und Schelling, in: Philosophisches Jahrbuch 75 (1967/68) 419–429. *Bringt die vorfindlichen äußeren Daten des Verhältnisses und die philosophische Auseinandersetzung.*

7.2 Düsing, Klaus, Spekulation und Reflexion. Zur Zusammenarbeit Schellings und Hegels in Jena, in: Hegel-Studien 5 (1969) 95–128. *Versucht nachzuweisen, daß bei Schelling der Bedeutungswandel von „Spekulation" (vom Verstandesdenken zur Vernunfterkenntnis des Absoluten) und damit auch die Ausbildung eines Vernunftsystems der absoluten Identität entscheidend durch Hegel beeinflußt sei.*

7.3 Görland, Ingtraud, Die Entwicklung der Frühphilosophie Schellings in der Auseinandersetzung mit Fichte, Frankfurt a. M.: Vittorio Klostermann 1973. *Behandelt die Entwicklung Schellings von der Schrift „Vom Ich [...]" bis zum Stadium der Identitätsphilosophie (1806). Zentralthema Schellings sei im Gegensatz zu Fichtes erkenntnistheoretischem Interesse die Darlegung und Ergründung der Realität, des Seins in unmittelbarer Seinsgewißheit.*

7.4 Lauth, Reinhard, Die erste philosophische Auseinandersetzung zwischen Fichte und Schelling 1795–1797, in: Zeitschrift für philosophische Forschung 21 (1967)

341–367. *Schildert vor allem die Hauptpunkte von Fichtes Kritik an den „Philosophischen Briefen“.*

7.5 Lukács, Georg, Der junge Hegel. Über die Beziehungen von Dialektik und Ökonomie (= Werke, Bd. 8), Neuwied am Rhein/Berlin-Spandau: Luchterhand 1962. *Von Interesse sind die Kapitel: „Hegels Rolle in der Trennung Schellings von Fichte“ S. 308–330, „Das Heranreifen der Differenzen zwischen Schelling und Hegel bis zum Bruch“ S. 522–552.*

7.6 Massolo, Arturo, Il primo Schelling, Firenze: G. C. Sansoni 1953 (= Studi filosofici, terza serie, Nr. X). *Zeichnet den Dialog Schellings mit Fichte nach, der Schellings Grundposition klarer hervorgebracht habe.*

7.7 Schulz, Walter, Das Verhältnis des späten Schelling zu Hegel. Schellings Spekulation über den Satz, in: Zeitschrift für philosophische Forschung 8 (1954) 336–352. *Schellings späte Theorie über den Urteilssatz sei eine echte Antwort auf Hegels Angriffe.*

7.8 Theunissen, Michael, Die Dialektik der Offenbarung. Zur Auseinandersetzung Schellings und Kierkegaards mit der Religionsphilosophie Hegels, in: Philosophisches Jahrbuch 72 (1964/65) 134–160.

7.9 Tillich, Paul, Vorlesungen über die Geschichte des christlichen Denkens. Teil II: Aspekte des Protestantismus im 19. und 20. Jahrhundert, hg. und übersetzt v. Ingeborg C. Henel, Stuttgart: Evangelisches Verlagswerk 1972. *Im Kapitel „Schellings Kritik an Hegel“ sieht Tillich die Bedeutung Schellings darin, neue Wirklichkeitsbereiche (vor allem das Unbewußte) der wissenschaftlichen Reflexion erschlossen zu haben.*

7.10 Weischedel, Wilhelm, Jacobi und Schelling. Eine philosophisch-theologische Kontroverse, Darmstadt: Wissenschaftliche Buchgesellschaft 1969. *Die Schrift umreißt die philosophische Position der Kontrahenten und gibt eine kurze Vor- und Nachgeschichte des Streites.*

Vgl. auch 3.3, 4.4, 4.27.

8. Zur Wirkungsgeschichte und gegenwärtigen Bedeutung

8.1 Benz, Ernst, F. W. J. Schelling und C. Ch. F. Krause in Spanien, in: Zeitschrift für Religions- und Geistesgeschichte 6 (1954) 226–248.

8.2 Braun, Otto, Hinauf zum Idealismus! Schelling-Studien, Leipzig: Fritz Eckardt 1908. *Die hier vereinigten Aufsätze suchen in begeisterndem Eifer Schelling und seine Lehre den Zeitgenossen nahezubringen.*

8.3 Buhr, Manfred/Irrlitz, Gerd, Der Anspruch der Vernunft. Die klassische bürgerliche deutsche Philosophie als theoretische Quelle des Marxismus, Teil I, Berlin: Akademie-Verlag 1968. *Über Schelling S. 141–185. Schellings Naturphilosophie bekomme als Programm zu einer „dialektischen Naturtheorie" historische Bedeutung.*

8.4 Lukács, Georg, Die Zerstörung der Vernunft (= Werke, Bd. 9), Neuwied a. Rh./Berlin Spandau: Luchterhand 1962. *Enthält die Kapitel „Schellings intellektuelle Anschauung als erste Erscheinungsform des Irrationalismus" S. 114–138 und „Schellings spätere Philosophie" S. 138–172. Schellings letzte Philosophie sei eine Flucht vor Hegels Dialektik in den Irrationalismus.*

8.5 Tillich, Paul, Schelling und die Anfänge des existentialistischen Protestes, in: Zeitschrift für philosophische Forschung 9 (1955) 197–208. – Auch in: ders., Gesammelte Werke, Bd. IV, 133–144. *Sucht Schellings fundamentale Bedeutung für die Probleme der geistigen Situation 100 Jahre nach seinem Tode aufzuzeigen.*

Vgl. auch 1.18, 3.2, 3.3, 4.4, 4.5, 5.28, 6.3, 6.10.

9. Sammelbände

9.1 Verhandlungen der Schelling-Tagung in Bad Ragaz (Schweiz) vom 22. bis 25. September 1954 veranstaltet

von der Schweizerischen Philosophischen Gesellschaft und dem Archiv für genetische Philosophie.
= Studia philosophica. Jahrbuch der Schweizerischen Philosophischen Gesellschaft, Vol. XIV, Basel: Verlag für Recht und Gesellschaft 1954. *Enthält folgende Beiträge:* Karl Jaspers: „Schellings Größe und sein Verhängnis" 12–38, Wilhelm Szilasi: „Schellings Anfänge und die Andeutung seines Anliegens" 51–67, Helmuth Plessner: „Das Identitätssystem" 68–84, Marcel Reymond: „L'influence de Schelling en France et en Suisse Romande" 91–111, Emil Staiger: „Schellings Schwermut" 112–133, M. Gueroult: „La philosophie Schellingienne de la Liberté" 146–161, Horst Fuhrmans: „Die Philosophie der Weltalter" 162–178, Ernst Benz: „Schellings theologische Geistesahnen" 179–201, Manfred Schröter: „Mythopoese" 202–210, Hermann Zeltner: „Der Mensch in der Philosophie Schellings" 211–221, Heinrich Barth: „Die negative und die positive Philosophie" 225–238, Walter Schulz: „Die Vollendung des Deutschen Idealismus in der Spätphilosophie Schellings" 239–255; *enthalten sind in überarbeiteter Form auch die Diskussionsbeiträge.*

9.2 Schelling-Studien. Festgabe für Manfred Schröter zum 85. Geburtstag, hg. v. Anton Mirko Koktanek, München/Wien: R. Oldenbourg 1965. *Enthält folgende Aufsätze zum Thema Schelling:* Horst Fuhrmans: „Der Gottesbegriff der Schellingschen positiven Philosophie" 9–47, Louis van Bladel: „Die Funktion der Abfallslehre in der Gesamtbewegung der Schellingschen Philosophie" 49–82, Walter Robert Corti: „Die Mythopoese des ‚werdenden Gottes'" 83–112, Hermann Zeltner: „Das große Welttheater. Zu Schellings Geschichtsphilosophie" 113–130, Wolfdietrich Schmied-Kowarzik: „Marx-Kierkegaard-Schelling. Zum Problem von Theorie und Praxis" 193–218, Marcel Reymond: „Charles Secrétan – exemple pour l'influence de Schelling en Suisse Romande" 219–224.

10. Forschungsberichte

10.1 Coreth, Emerich, Die Ernte des Schelling-Jahres. Ein Literaturbericht, in: Zeitschrift für Katholische Theologie 78 (1956) 334–351.

10.2 De Sanctis, Nicola, Schelling in Italia; Bibliographia Italiana di Schelling, in: Tilliette, Xavier, Attualità di Schelling. Appendice, 183–198; 199–208, Milano: U. Mursia & C. 1974.

10.3 Zeltner, Hermann, Schelling-Forschung seit 1954 (Erträge der Forschung) Darmstadt: Wissenschaftliche Buchgesellschaft 1975. *Behandelt unter Berücksichtigung der internationalen Literatur die verschiedenen Aspekte der gegenwärtigen Forschungslage.*

Vgl. auch 0.2, 4.30, 5.5, 5.20, 5.35.

Nachtrag

Zur Rubrik 7 erscheint im Verlag Karl Alber im Herbst 1975: Lauth, Reinhard, Die Entstehung von Schellings Identitätsphilosophie in der Auseinandersetzung mit Fichtes Wissenschaftslehre. 1795 bis 1801, Freiburg/München: Alber 1975. *Der Band bringt u. a. den unter 7.4 genannten Aufsatz.*

Personenregister

Sachregister

Die Register wurden erstellt von Jörg Jantzen und Walter Schieche